AF239700

Sandie Calme

# Französisches Gesellschaftsrecht

**Calme, Sandie: Französisches Gesellschaftsrecht, Hamburg, Igel Verlag RWS, aktualisierte 6. Auflage 2023**

Buch-ISBN: 978-3-95485-359-5
PDF-eBook-ISBN: 978-3-95485-859-0
Druck/Herstellung: Igel Verlag RWS, Hamburg, 2023

**Bibliografische Information der Deutschen Nationalbibliothek:**
Die Deutsche Nationalbibliothek verzeichnet diese Publikation in der Deutschen Nationalbibliografie; detaillierte bibliografische Daten sind im Internet über http://dnb.d-nb.de abrufbar.

Das Werk einschließlich aller seiner Teile ist urheberrechtlich geschützt. Jede Verwertung außerhalb der Grenzen des Urheberrechtsgesetzes ist ohne Zustimmung des Verlages unzulässig und strafbar. Dies gilt insbesondere für Vervielfältigungen, Übersetzungen, Mikroverfilmungen und die Einspeicherung und Bearbeitung in elektronischen Systemen.

Die Wiedergabe von Gebrauchsnamen, Handelsnamen, Warenbezeichnungen usw. in diesem Werk berechtigt auch ohne besondere Kennzeichnung nicht zu der Annahme, dass solche Namen im Sinne der Warenzeichen- und Markenschutz-Gesetzgebung als frei zu betrachten wären und daher von jedermann benutzt werden dürften.

Die Informationen in diesem Werk wurden mit Sorgfalt erarbeitet. Dennoch können Fehler nicht vollständig ausgeschlossen werden und die Bedey & Thoms Media GmbH, die Autoren oder Übersetzer übernehmen keine juristische Verantwortung oder irgendeine Haftung für evtl. verbliebene fehlerhafte Angaben und deren Folgen.

Alle Rechte vorbehalten

© Igel Verlag RWS, Imprint der Bedey & Thoms Media GmbH
Hermannstal 119k, 22119 Hamburg
http://www.diplomica.de, Hamburg 2023
Printed in Germany

# Gliederung

# I Grundsätze des französischen Gesellschaftsrechts

Das französische Gesellschaftsrecht beruht auf der Unternehmensfreiheit, auf dem „Code de commerce" (französisches Handelsgesetzbuch) und auf dem französischen Handelsgericht, dem Tribunal de Commerce.

## A Die Unternehmensfreiheit

Die Freiheit des Handels und der Industrie ist ein verfassungsrechtliches Prinzip vom 17. März 1791, das „décret d'Allarde" genannt wird. Es setzt aber dem freien Wettbewerb zum Schutz der kaufmännischen Tätigkeit gewisse Grenzen.

Nach Artikel 7 des „décret d'Allarde" ist „jegliche Person frei, eine kaufmännische Tätigkeit oder einen Beruf auszuüben, und zwar nach ihrem Belieben; jedoch ist sie verpflichtet, über die erforderliche Genehmigung zu verfügen, den entsprechenden Preis nach den nachfolgenden Raten zu begleichen und den entsprechenden polizeilichen Verordnungen nachzukommen". Das „décret d'Allarde" wird häufig mit dem Le Chapelier-Gesetz vom 14. und vom 17. Juni 1791 in Verbindung gebracht, das die Korporationen zugunsten der Unternehmensfreiheit abgeschafft hatte.

Die Unternehmensfreiheit rührt aus Artikel 4 der Erklärung der Menschen- und Bürgerrechte von 1789 her, nach dem die Freiheit darin besteht, all das zu machen, das Dritte nicht beeinträchtigt, so dass die Ausübung der eigenen natürlichen Rechte nur durch die Beschränkungen begrenzt ist, die den anderen Mitgliedern der Gesellschaft die Ausübung der gleichen Rechte gewährleisten. Artikel 4 schreibt vor, dass diese Beschränkungen nur durch das Gesetz bestimmt werden können. Demzufolge ist die Unternehmensfreiheit ein verfassungsrechtlicher Anspruch.

Nach dem Verfassungsrat (Conseil constitutionnel) hat der Gesetzgeber triftige Maßnahmen getroffen, um den Grundsatz der Unternehmensfreiheit durchzusetzen und die verfassungsrechtliche Zielsetzung der Gewährung der öffentlichen Ordnung auf eine angemessene Art in Anbetracht der gesetzgeberischen Ziele zu garantieren (Entscheidung Nr. 2010-55 vom 18. Oktober 2010). Hinzu kommt, dass der Gesetzgeber nach seinem Belieben die Unternehmensfreiheit vom Artikel 4 der Erklärung der Menschen- und Bürgerrechte schmälern darf, solange die Beschränkungen verfassungsrechtlichen Aufforderungen nachkommen oder vom Allgemeininteresse getragen sind, und wenn in Anbetracht der Zielsetzung keine unangemessenen Verletzungen vorliegen (Entscheidung Nr. 2010-73 vom 3. Dezember 2010). Beispielsweise kollidiert die Zielsetzung des Schutzes der Gesundheit zurecht mit der Unternehmensfreiheit: Dies wurde vom Verfassungsrat im Rahmen der Covid-19-Gesundheitskrise entschieden.

Der Gesetzgeber wendet bei der Unternehmensfreiheit folgende Beschränkungen an:

- bestimmte Beschäftigte dürfen vom Gesetz her keine Handelstätigkeiten ausüben;
- strafrechtliche Verurteilungen können bestimmte kaufmännische Aktivitäten verbieten, beispielsweise betreffend bestimmte Insolvenzfälle;
- bestimmte Sachen dürfen nicht verkauft werden;
- bestimmte Handelstätigkeiten sind gesetzwidrig;
- bestimmte Handelszweige wie Geldspiele oder Tabakwaren unterliegen einem Staatsmonopol;
- bestimmte Handelstätigkeiten verlangen eine vorherige spezielle Verwaltungsgenehmigung bzw. eine gewisse berufliche Qualifikation;
- Kaufleute unterliegen Buchführungspflichten.

## B  Der „Code de commerce" (französisches Handelsgesetzbuch)

Der Code de Commerce von Napoleon wurde ursprünglich in 1807 gegründet.

## C  Das Tribunal de commerce (französisches Handelsgericht)

Die Handelsgerichte sind erstinstanzliche zivilrechtliche Gerichte mit gewählten Richtern, die einen Eid geleistet haben. Die Richter müssen bestimmten Staatsangehörigkeiten-, Alters-, Ehrlichkeits- und Handelserfahrungsvoraussetzungen nachkommen, um gewählt werden zu dürfen.

Ihre Befugnisse sind folgende (Artikel L721-3 vom Code de commerce):

- Streitigkeiten über Verpflichtungen zwischen Kaufleuten, Kredit- und Finanzinstituten;
- Streitigkeiten über kommerzielle Gesellschaften;
- Streitigkeiten über Handelsgeschäfte zwischen juristischen oder natürlichen Personen.

Im wirtschaftlichen Bereich werden außergerichtliche Lösungen von Streitigkeiten befürwortet.

Wird eine Klage vor dem Tribunal de commerce erhoben, besteht die Möglichkeit, im Rahmen des Gerichts eine kostenfreie Güteverhandlung (conciliation) zu organisieren.

Die Güteverhandlung unterscheidet sich von der Mediation: Der Mediator hat eher lediglich beratenden Charakter für die Parteien; Der Schlichter der Güteverhandlung hingegen ist dazu aufgerufen, Parteien eine oder mehrere kulante Lösungen anzubieten, wenn die Parteien sich letztendlich auch selbst miteinander versöhnen werden. Die Mediation ist im Handelsbereich sehr verbreitet.

Die Schiedsgerichtsbarkeit ist auch eine Art, Streitigkeiten freundlich zu lösen: Sie setzt die Einberufung eines Dritten voraus, der als Schiedsrichter von den Parteien ausgewählt wird und den Fall als Privatrichter löst.

Der Code de commerce sieht die Möglichkeit der Vereinbarung einer Schiedsklausel in den Handelsverträgen vor, mit der die Parteien von vorne herein entscheiden, im Fall einer künftigen Streitigkeit einen Schiedsrichter zu engagieren.

Das Tribunal de commerce ist auch für das europäische Verfahren für geringfügige Forderungen, für die europäischen Mahnverfahren und für die Eigenwechsel, die gleichzeitig Unterschriften von Händlern und von Nichthändlern tragen, zuständig. Dieses Gericht kann Transportangelegenheiten und Vollstreckungsverfahren behandeln. Bestimmte Bereiche sind ausdrücklich von seinem Handlungsbereich ausgeschlossen.

Das Tribunal de commerce ist ein erstinstanzliches Gericht. Im Fall der Berufung ist das Berufungsgericht (die Cour d'appel) zuständig. Die Kassation ist Sache der Cour de cassation.

# II Die Kaufmannschaft

## A Die Kaufleute

Die Kaufleute sind Fachleute, die Handelsgeschäfte treiben. Eine Einschreibung im Handelsregister (registre du commerce et des sociétés) kann zur Qualifizierung als „Kaufmann" führen. Der Ehegatte oder registrierte Partner (pacte civil de solidarité) eines Kaufmanns ist von der Eigenschaft des Kaufmanns betroffen.

### 1 Kaufleute als Fachleute

Als Fachleute verfügen Kaufleute über eine gewisse Expertise in ihrem spezifischen Bereich. Sie unterscheiden sich vom Handwerker, von Landwirten und von Freiberuflichen.

#### a Der Handwerker

Der Handwerker wird klassischerweise als ein unabhängiger Berufsträger betrachtet, der von seinem Handwerk lebt und ein Fabrikunternehmen führt. Als Fabrikunternehmer kann er als „Kaufmann" im Sinne des Code de commerce betrachtet werden. Dennoch gestalten spezifische Normen den Stand des Handwerkers. Ein Beispiel dafür ist der Code de l'artisanat (Handwerksgesetzbuch).

#### b Die Landwirte

Die Landwirte gehören nicht in die Kategorie der Kaufleute. Verkaufen sie ihre Ernte, dann ist dieses Geschäft kein Handelsgeschäft, sondern ein ziviles Geschäft.

Wenn die Landwirte nicht Eigentümer ihres spezifischen Grundstücks sind, dann unterliegen sie den Vorschriften des Code rural et de la pêche maritime (Seefischerei- und Landwirtschaftsgesetzbuch) über landwirtschaftliche Pachtverträge.

Die Landwirte werden als juristische oder als natürliche Personen im Landwirtschaftsregister (registre de l'agriculture) eingeschrieben.

#### c Der Freiberufliche

Der Freiberufliche verwirklicht persönliche Dienstleistungen intellektueller Art auf der Basis seiner eigenen beruflichen Qualifizierung. Freiberufe sind vielfältig und unterliegen jeweils zugeschnittenen Regelungen. Die Kundschaft der Freiberuflichen ist zivil und nicht kommerziell und der Kunde wählt den freiberuflichen Dienstleistenden frei. Der Arzt oder der Rechtsanwalt sind Beispiele von Freiberuflichen.

## 2 Handelsgeschäfte der Kaufleute

Der Code de commerce beschreibt die Kaufleute als diejenigen, die als gewöhnliche Berufstätige Handelsgeschäfte betreiben (Artikel L121-1 des Code de commerce). Der Code de commerce listet die Handelsgeschäfte limitativ auf. Es sind folgende Geschäfte:

- der Kauf von beweglichen Sachen, um sie nach deren Veränderung zu verkaufen;

- der Kauf von unbeweglichen Sachen, um sie zu verkaufen, es sei denn, diese Sachen werden erworben, um Gebäude aufzubauen, und zwar mit der Absicht, sie insgesamt oder jeweils getrennt zu verkaufen;

- Vermittlungsgeschäfte zum Zwecke des Kaufs, des Abschlusses oder des Verkaufs von unbeweglichen Sachen, von Geschäftsbetrieben (fonds de commerce), von Aktien oder von Anteilen an Immobiliengesellschaften;

- die Vermietung von beweglichen Sachen;

- Fabrik- oder Speditionsunternehmen, Transportunternehmen für Transporte am Landweg bzw. für die See- oder Binnenschifffahrtbeförderung;

- jegliche Versorgungsunternehmen, Agenturen, Geschäftsbüros, Auktionen, öffentliche Spektakeln;

- Wechsel-, Bank-, Vermittlungsgeschäfte, Geschäfte über die Ermittlung und Verwaltung der elektronischen Währung und jegliche Zahlungsgeschäfte;

- jegliche Geschäfte der öffentlichen Banken;

- jegliche Verpflichtungen zwischen Händlern, Verkäufern und Bankleuten;

- Wechselbriefe zwischen jeglichen Personen;

- Bauunternehmen, Kauf, Verkauf und Rückkauf von See- und Binnenschifffahrtsgebäuden;

- Seebeförderungen;

- Kauf und Verkauf von spezifischen Apparaten und Ausrüstungen für die Schifffahrt;

- jegliche Charterung bzw. seespezifische Darlehensgeschäfte;

- jegliche Versicherungen oder spezifische Verträge für den Handel zur See;

- jegliche Verträge über den Lohn bzw. die Mieten der Seemannschaft.

Kaufleute sind „natürliche" (personnes physiques) sowie „juristische" (personnes morales) Personen und haben dementsprechend Ansprüche und Verpflichtungen. Speziell genießen sie als juristische Personen theoretisch die gleichen Ansprüche und Verpflichtungen wie als natürliche Personen. Natürliche Personen können juristische Personen führen und Entscheidungsmacht ausüben. Demzufolge sind Gesellschaften häufig juristische Personen.

Kaufleute sind eigentlich diejenigen, die die Handelsgeschäfte im eigenen Namen und für sich selbst treiben: Dies gilt sowohl für die natürlichen als auch für die juristischen Personen. Es setzt voraus, dass ein Risiko eingegangen wird. Derjenige, der diese Handelsgeschäfte für Drittpersonen treibt, gehört nicht in die Kategorie der Kaufleute: Es geht beispielsweise um den angestellten Verwalter (gérant salarié) einer SARL (société à responsabilité limitée, französische Gesellschaft mit beschränkter Haftung).

Jedoch darf das Gesetz Personen als Kaufleute betrachten, die keine Handelsgeschäfte treiben: Es geht beispielsweise um die Partner einer société en nom collectif (französische offene Handelsgesellschaft).

Kommerzielle Tätigkeiten erfordern eine gewisse Flexibilität, Transparenz und Zügigkeit. Deshalb sind der Beweis von Handelsgeschäften zwischen Kaufleuten sowie der Beweis der Qualifizierung als „Kaufmann" grundsätzlich frei definierbar. Außerdem gibt es adäquate entsprechende Verjährungsvorschriften.

Kaufleute sind entweder Volljährige oder emanzipierte Minderjährige.

Im Fall des emanzipierten Minderjährigen erhält dieser das Recht als „emanzipierter Minderjähriger" aus einer Genehmigung des Vormundrichters (juge des tutelles) im Moment der Emanzipation oder nachträglich aus der Entscheidung des Vorsitzenden des Tribunal de grande instance bzw. Tribunal judiciaire (Artikel L121-2 des Code de commerce).

## 3  Der registre du commerce et des sociétés (Handelsregister)

Bestimmte natürliche und juristische Personen werden als Kaufleute im „registre du commerce et des sociétés" – dem französischen Handelsregister - eingeschrieben,

Es sind nach Artikel L123-1 des Code de commerce folgende Personen:

- natürliche Personen, die als Kaufleute qualifiziert werden, untergeachtet dessen, ob sie verpflichtend im „registre national des entreprises" (nationales Unternehmensregister) immatrikuliert sind;

- Gesellschaften und wirtschaftliche Interessenverbände, die in einem französischen Departement ansässig sind und juristische Persönlichkeit genießen;

- kommerzielle Gesellschaften, deren Sitz außerhalb eines französischen Departements liegt und die eine Niederlassung in einem solchen Departement haben;

- französische öffentliche Einrichtungen industrieller oder kommerzieller Art;

- andere juristische Personen, deren Immatrikulation durch gesetzliche Normen oder Regelungen vorgeschrieben ist;

- kommerzielle Vertretungen oder Agenturen von Staaten, öffentlichen Körperschaften oder ausländischen öffentlichen Einrichtungen, die in einem französischen Departement ansässig sind.

Die Registrierung im Handelsregister unterliegt einem bestimmten Formalismus unter der Kontrolle der Judikative. Ungenaue oder unvollständige Erklärungen können zu strafrechtlichen Sanktionen führen.

Das Handelsregister wird bei der jeweiligen örtlichen Gerichtskanzlei (greffe) eines Tribunal de commerce - unter Kontrolle des Richters - geführt.

Die registrierten Personen sind im Regelfall Kaufleute. Jedoch stellen bestimmte Unregelmäßigkeiten auch mit einer Registrierung diese Qualifizierung in Frage. In solchen Fällen sind nur gutgläubige Dritte berechtigt, die Scheinqualität der Kaufmannschaft zu deren Gunsten geltend zu machen.

## 4 Der Ehegatte oder Solidaritätspartner (partenaire civil de solidarité) der Kaufleute

Grundsätzlich sind die Ehegatten oder Partner von Kaufleuten nur dann Kaufleute, wenn sie eine vom Ehegatten oder Partner getrennte kommerzielle Tätigkeit ausüben (Artikel L121-3 des Code de commerce).

Der Ehegatte oder Partner des Unternehmensführers, der regelmäßig im Familienunternehmen arbeitet, kann als Mitarbeiter (conjoint collaborateur), als entlohnter Ehegatte (conjoint salarié) oder als assoziierter Ehegatte (conjoint associé) qualifiziert werden (Artikel L121-4 des Code de commerce). Dies gilt sowohl für kommerzielle als auch für handwerkliche oder freiberufliche Unternehmen. Was Gesellschaften anbetrifft ist die Wahl der Qualifizierung des Ehegatten als Mitarbeiter auf bestimmte Konstellationen von Gesellschaften mit beschränkter Haftung begrenzt. Die regelmäßige Berufstätigkeit des Ehegatten im Unternehmen des anderen Ehegatten ist grundsätzlich registrierungspflichtig. Mangels Registrierung wird die Qualifizierung des Ehegatten als entlohnter Ehegatte vermutet.

Die Kaufmannschaft kann somit bedeutsame Auswirkungen auf das Familienvermögen haben, beispielsweise falls das Geschäft in finanzielle Schwierigkeiten gerät. Der Ehestand kann dann ausschlaggebend sein. Insbesondere führt der gesetzliche Ehestand (eine begrenzte Gütergemeinschaft) dazu, dass die im Laufe der Ehe erworbenen Güter im

16

Regelfall zum gemeinsamen Vermögen gehören, so dass die Zahlungspflicht bei der Insolvenz der Kaufleute beide Ehegatten betrifft. Deshalb wird die Wahl eines außergesetzlichen Ehestands, wie die Gütertrennung oder die Gütergemeinschaft, befürwortet.

## 5  Der Geschäftsbetrieb (fonds de commerce)

Der fonds de commerce ist ein Eckpfeiler der Kaufmannschaft. Er besteht aus körperlichen und unkörperlichen Gegenständen. Diese sind jeweils unterschiedlich.

Unter den körperlichen - oder materiellen - Gegenständen sind die Kundschaft, der Handelsname, der Betriebsname, die Marken, die Patente sowie der Anspruch auf die Miete (dieser Anspruch unterscheidet sich vom Mietvertrag selbst) zitierenswert.

Die körperlichen Elemente sind insbesondere das Material und die Kaufwaren.

Alle Bestandteile des fonds de commerce tragen zur kommerziellen Tätigkeit bei: Der fonds de commerce ist ein wahres Universum.

Die Kundschaft ist allgemein ein wichtiger Bestandteil des fonds de commerce. Parallel dazu ist beim fonds libéral die zivile Kundschaft für Freiberufliche (z.B. Ärzte) bedeutsam. Bei Freiberuflichen wird der Kauf der zivilen Kundschaft akzeptiert (nach einer Entscheidung der Cour de cassation vom 7. November 2000). Das gleiche gilt für den fonds de commerce: Er ist ein Vermögenswert und kann verkauft werden.

Der Wegfall des fonds de commerce ist ein schwerwiegender Wertverlust. Beispielsweise wird der ursprüngliche fonds de commerce vernichtet und durch einen anderen ersetzt, wenn der Gegenstand eines Geschäfts im Rahmen eines Unternehmensverkaufs geändert wird.

Der Wert des fonds de commerce hängt vom Erfolg des Geschäfts ab. Dieser Erfolg soll nachhaltig sein, damit der Wert eines Geschäftsbetriebs erhöht wird.

Der Eigentümer eines fonds de commerce besitzt nur dann die Eigenschaft eines ordentlichen Kaufmanns, wenn er den entsprechenden gesetzlichen Voraussetzungen nachkommt. Der Mieter und Verwalter (locataire-gérant) eines fonds de commerce besitzt die Kaufmannschaft, wenn er in diesem Rahmen Handelsgeschäfte betreibt. Im Gegensatz dazu ist der Eigentümer eines fonds de commerce – also eines Geschäftsbetriebs – nicht unbedingt selbst ein Kaufmann.

## B Die Unternehmensstrukturen

Es gibt mehrere Arten und Weisen, Unternehmer zu sein. Unternehmer können als solche allein oder mit Assoziierten auf der Basis der affectio societatis (der Wille, zusammen ein Geschäft zu führen) ihr Geschäft treiben.

Das französische Gesellschaftsrecht unterstützt die individuellen Unternehmen sowie die kollektiven Unternehmen in dieser Hinsicht.

## 1 Das individuelle Unternehmen (oder Einzelunternehmen)

Auf der Ebene der individuellen Unternehmen bestehen mehrere Unternehmensstrukturen.

### a Der Mikrounternehmer

Die Figur des micro-entrepreneur (Mikro – oder Kleinstunternehmer) ist besonders bemerkenswert. Dabei handelt es sich vorrangig darum, ein Unternehmen auf Schiene zu bringen oder eine geringfügige Unternehmenstätigkeit mit begrenzten Risiken anzubahnen. In diesem Kontext ist das finanzielle Engagement zuerst einmal nachrangig. Die Gründung und die Organisation des Unternehmens sind dann im Vergleich mit anderen Unternehmenskategorien vereinfacht.

Mit dem Gesetz vom 14. Februar 2022 wird vorgesehen, dass der Einzelunternehmer grundsätzlich nicht mit seinem persönlichen Vermögen für berufliche Schulden haftet, wenn keine abweichende Ausnahmefälle vorliegen.

Es ist zu bemerken, dass mehrere juristische Kategorien Einzelunternehmen bezeichnen können, und zwar einschließlich im Fall einer Anpassung traditioneller Unternehmensarten an individuelle Strukturen. Es ist beispielsweise nicht nur der Fall des entreprise unipersonnelle à responsabilité limitée oder SARL (französische Form der GmbH) à associé unique (Ein-Mann-GmbH), sondern auch unter anderem der Fall der vereinfachten Einzelgesellschaft auf Aktien (société par actions simplifiée unipersonnelle oder SASU).

## 2 Die Gesellschaften

### a Allgemeines

### aa Die associations (Vereine)

Die Gesellschaften unterscheiden sich von den Vereinen darin, dass die Vereine keinen entgeltlichen Zweck erzielen. Die Vereine sind in der Regel „associations lois de 1901", dh.

nach einem Gesetz von 1901 begründet. Sie betreffen Aktivitäten wie kulturelle oder humanitäre Tätigkeiten.

### bb Die nicht-kommerziellen Gesellschaften

Es gibt auch nicht-kommerzielle Gesellschaften. Sie betreffen klassische Unternehmensberufe, sind jedoch auch für Freiberufe wie Ärzte oder Rechtsanwälte geeignet.

Es sind beispielsweise Gesellschaften für freiberufliche Tätigkeiten mit jeweils einzelartigen Organisationen, die die entsprechenden Normen für Unternehmenskategorien einhalten. Beispielsweise bestehen adaptierte Formen zu einer klassischen GmbH für freiberufliche Tätigkeiten. Es gibt auch zivile berufliche Gesellschaftsarten wie die „sociétés civiles professionnelles" oder SCP, „sociétés civiles de moyens" oder SCM, die darin bestehen, einer Gruppe von Freiberuflern die Möglichkeit zu schaffen, über die materiellen Güter und Gegenstände zu verfügen, die die Ausübung ihres Berufs vereinfachen.

### b Die Handelsgesellschaften

### aa Allgemeines

Die Handelsgesellschaften unterliegen dem Code de commerce. Nach Artikel L210-1 des Code de commerce sind bestimmte Gesellschaftsformen immer kommerzieller Art: Es sind die offenen Handelsgesellschaften (sociétés en nom collectif), die einfachen Kommanditgesellschaften (sociétés en commandite simple), die Gesellschaften mit begrenzter Haftung (sociétés à responsabilité limitée) und die Aktiengesellschaften (sociétés par actions). Was die anderen Gesellschaftsformen betrifft sind sie nur dann kommerzieller Art, wenn sie Handelsgeschäfte treiben.

Die Gesellschaften haben im Regelfall Satzungen, die den Gesellschaftsnamen, den Gesellschaftssitz, den Gesellschaftszweck, das Gesellschaftsvermögen und die maximal 99 jährige Gesellschaftsdauer regeln (Artikel L210-2 des Code de commerce). Diese Voraussetzungen werden nach Gesellschaftskategorien festgesetzt.

Die Satzungen sind von vornherein die Leitfäden der Gesellschaften. Ihr Inhalt wird mit gesetzlichen Auflagen teilweise durchgesetzt werden.

Der Gesellschaftsname identifiziert die Gesellschaft als juristische Person und kann mit der Angabe der Gesellschaftsform verbunden sein (zum Beispiel mit der Abkürzungen SARL für die Société à responsabilité limité oder SNC für die société en nom collectif).

Der Gesellschaftssitz wird als der Ort betrachtet, wo die Gesellschaftsverwaltung liegt und hat somit einen Einfluss auf die Staatszugehörigkeit der Gesellschaft. Diese Staatszugehörigkeit bestimmt das jeweils anzuwendende Gesellschaftsrecht. Der Gesellschaftssitz ist auch für die gerichtliche Zuständigkeit ausschlaggebend.

Der Gesellschaftssitz der französischen Gesellschaften muss in Frankreich liegen: Er ist der wirkliche Sitz der Gesellschaft, das heißt, der wesentliche Ort der Gesellschaft und der Gesellschaftsverwaltung (Artikel L210-3 des Code de commerce).

Der tatsächliche Gesellschaftssitz unterscheidet sich vom Scheingesellschaftssitz, der typischerweise lediglich einem einfachen Briefkasten entspricht.

Der Gesellschaftszweck ist die Zielsetzung der Gesellschaft, zum Beispiel der Einzelverkauf von bestimmten Produkten oder bestimmten Dienstleistungen. Es ist nicht einfach, den Gesellschaftszweck zu verändern.

Theoretisch ist das Gesellschaftsvermögen nicht immer erforderlich oder gesetzlich gefordert. Jedoch ist eine bestimmte Geldsumme tatsächlich häufig unentbehrlich für das Bestehen einer Gesellschaft. Wenn ein bestimmtes Vermögen einer Gesellschaft gewidmet wird, dann ist es ein Teil des Firmen-Eigenkapitals, der nicht einfach veräußert werden kann, unbeachtet dessen, woher dieses Vermögen stammt.

Die Gesellschaftsgründung unterliegt bestimmten Formvorschriften mit bestimmten Werbungsvoraussetzungen.

Die Immatrikulation einer Gesellschaft im Handelsregister (registre du commerce et des sociétés) verleiht der Gesellschaft grundsätzlich die juristische Persönlichkeit. Es besteht eine Trennung zwischen der Gesellschaft als juristische Einheit und den natürlichen Personen, die am Betrieb der Gesellschaft Interesse haben. Der Gesellschaftsgründer darf nicht nach seinem Belieben das Gesellschaftsvermögen für sich selbst verwenden, mit dem Risiko, dass er eine Straftat namens abus de biens sociaux begeht: Das ist typischerweise der Fall des Gesellschafters, der den Wagen der Gesellschaft zu persönlichen Zwecken benutzt, die mit dem Betrieb der Gesellschaft nichts zu tun haben. In diesem Fall sieht das Gesellschaftsrecht strafrechtliche Sanktionen vor.

### bb Gesellschaftsformen

Jede Gesellschaftsform unterliegt einer bestimmten Rechtsordnung.

#### i Die offenen Handelsgesellschaften (sociétés en nom collectif)

Die offenen Handelsgesellschaften werden von Kaufleuten gebildet, die solidarisch für die Gesellschaftsschulden haften. Sie werden durch ihren Gesellschaftsnamen mit der

Abkürzung SNC gekennzeichnet. Derjenige, der einen Gesellschafter einer offenen Handelsgesellschaft ersetzt, muss von der offenen Handelsgesellschaft ausdrücklich angenommen werden, und zwar auch im Fall des Todes seines Vorgängers.

*ii Die einfachen Kommanditgesellschaften (sociétés en commandite simple)*

In den einfachen Kommanditgesellschaften haben die Kommanditisten die Stelle von Gesellschaftern einer Kommanditgesellschaft und die Kommanditäre haften für die Gesellschaftsschulden nur in der Höhe ihrer Einlage, die in Form von Geld oder Dienstleistungen bestehen kann.

Der Gesellschaftsname der einfachen Kommanditgesellschaft hat im Firmenwortlaut « société en commandite simple ».

Die Satzung dieser Gesellschaftsart enthält obligatorisch den Betrag bzw. den Wert der Einlagen jedes Gesellschafters, den Einlagenanteil sowie den Gesamtanteil der Kommanditisten und der Kommanditäre; was für die Verteilung der Umsätze dann wichtig ist.

Die Gesellschaftsanteile dürfen nur mit der Einwilligung aller Gesellschaften veräußert werden. Diesbezüglich können die Satzungen folgende Regelungen vorsehen:

-   dass die Anteile der Kommanditäre zwischen Gesellschaftern frei veräußert werden dürfen;
-   dass mit Einwilligung aller Kommanditisten und der jeweiligen finanziellen Mehrheit der Kommanditäre die Gesellschaftsanteile der Kommanditäre veräußert werden dürfen;
-   dass ein Kommanditist das Recht hat, einen Teil seiner Anteile zu einem Kommanditär oder zu einem Dritten mit der Einwilligung aller Kommanditisten und der jeweiligen finanziellen Mehrheit der Kommanditäre zu veräußern.

Die Entscheidungen werden mit der Einwilligung aller Kommanditisten und mit der jeweiligen finanziellen Mehrheit der Kommanditäre getroffen, es sei denn, es geht um die Staatszugehörigkeit der Gesellschaft. In diesem Fall wird die Einwilligung aller Gesellschaften verlangt.

*iii Die Gesellschaften mit begrenzter Haftung (sociétés à responsabilité limitée, SARL)*

Die SARL (sociétés à responsabilité limitée, Gesellschaften mit begrenzter Haftung) werden von einer oder mehreren Personen gegründet, die für die Gesellschaftsschulden nur in der Höhe der Einlage haften. Die SARL kann einen Einzelgesellschafter haben.

Alle Gesellschafter müssen an der Gesellschaftsgründung teilnehmen, und zwar auch durch spezielle Beauftragte.

Die SARL ist eine Mischform zwischen Personengesellschaft und Kapitalgesellschaft. Einerseits ist sie eine Personengesellschaft, weil bei ihrer Gründung die Person, also der Gesellschafter, im Vordergrund steht. Andererseits ist sie eine Kapitalgesellschaft, weil die Verwirklichung des Gesellschaftszwecks im Vordergrund steht.

Die Basisregel und der Hauptsinn bzw. -Zweck der SARL ist es, dass die Haftung der Gesellschafter für die Gesellschaftsverbindlichkeiten grundsätzlich auf die übernommene Einlage beschränkt ist: Dazu wird das Kapital der SARL in gleich große Geschäftsanteile geteilt. Das Vermögen der SARL besteht aus gleichwertigen Gesellschaftsanteilen für maximal 100 Gesellschafter. Diese Anteile können aus Gegenständen, aus Vermögen und gegebenenfalls aus Dienstleistungen bestehen. Die Gesellschaftsanteile, die die Gesellschafter an andere Gesellschafter der SARL veräußern dürfen, sind nicht verhandlungsfähig: Obligationen sind möglich, jedoch keine Aktien.

Als eine Art Personengesellschaft sind die Geschäftsanteile nicht frei übertragbar, weil die Übertragung von Geschäftsanteilen der SARL auf Drittpersonen die Zustimmung der übrigen Gesellschafter voraussetzt, die mindestens die Hälfte des Gesellschaftskapitals, oder nach dem Gesellschaftsvertrag mehr als die Hälfte des Kapitals, besitzen (Artikel L223-14 des Code de commerce).

Die SARL muss einen Gesellschaftsvertrag (les statuts) haben, der gesetzmäßig folgende Pflichtangaben enthalten muss:

- die Rechtsform der Gesellschaft als SARL;
- den Sitz der Gesellschaft in Frankreich;
- die Dauer der Gesellschaft;
- den Unternehmensgegenstand;
- das Gesellschaftsbasisvermögen;
- die Aufteilung der Geschäftsanteile;
- die Erklärung über die Erbringung der Einlagen.

Die SARL wird im Handelsregister eingetragen. Dieses dient dazu, die Öffentlichkeit über das Bestehen, die Rechtsform, die Organisation und die Bonität der Gesellschaft zu informieren.

Die SARL wird durch eine oder mehrere natürliche Personen verwaltet. Sie sind die Geschäftsführer der SARL.

Die Gesellschafter sollen die Geschäftsführung bestmöglich ausüben. Dies erfolgt in Form von Gesellschafterversammlungen, unter anderem mit der ordentlichen Gesellschafterversammlung (assemblée générale ordinaire), bei der die Genehmigung des Jahresabschlusses im Vordergrund steht. Es gibt auch manchmal außerordentliche Gesellschafterversammlungen (assemblées générales extraordinaires). Die meisten Entscheidungen werden von der Gesellschafterversammlung bzw. unter Kontrolle einer Gesellschafterversammlung getroffen.

Die Gesellschafter verfügen auch über ein breites, gesetzlich geregeltes Informationsrecht hinsichtlich Gesellschaftsangelegenheiten. Zum Beispiel erfolgt mit der Einsichtnahme in den Jahresabschluss auch Information was das Inventar, die Berichte der Geschäftsführung, die Protokolle der Gesellschafterversammlungen bzw. den Gesellschaftsvertrag betrifft.

Der Geschäftsleiter unterliegt gesetzlich streng geregelten Berichts- und Informationspflichten. Die Geschäftsführung selbst folgt einem verpflichtenden Verfahren, dessen Außerachtlassung die Haftung des Leiters sowie dessen Entlassung von der Gesellschafterversammlung zur Folge haben kann. Dieses Leitungsverfahren kann gerichtlich in Frage gestellt werden. Die Stellung als Geschäftsführer einer SARL ist nicht unwesentlich; Er ist haftbar. Der Scheingeschäftsführer trägt ebenso die gleiche Verantwortung und kann als solcher vor Gericht strafrechtlich belangt oder finanziell verurteilt werden. Die Gesellschafter sind auch berechtigt, gegen Scheingeschäftsführer eine Klage zu erheben.

Der Besitz von Geschäftsanteilen führt zur entsprechenden Beteiligung am Unternehmensgewinn und -verlust. Der Verlust je Gesellschafter ist mit der Höhe seines Geschäftsanteils begrenzt.

In den Gesellschaftsversammlungen üben die Gesellschafter ihr anteiliges Stimmrecht aus, das von Fall zu Fall die Einstimmigkeit bzw. ein gewisses Mehrheitserfordernis verlangt. Beispielsweise bedürfen die Beschlüsse über die grenzüberschreitende Sitzverlegung nach Artikel L223-30 des Code de commerce der Einstimmigkeit.

*iv   Die Gesellschaften auf Aktien*

Es gibt bestimmte Normen, die jegliche Form von Gesellschaften mit Aktien betreffen.

Die Aktien sind in diesem Fall die Gesellschaftsanteile und deren Wert variiert nach Gesundheit der Gesellschaft zu einer bestimmten Zeit. Sie dürfen veräußert werden und sind verhandlungsfähig. Die Inhaber der Aktien sind die Aktionäre.

Gesellschaften auf Aktien tragen einen bestimmten Gesellschaftsnamen. Was die Kommanditgesellschaft auf Aktien anbelangt, darf ihr Gesellschaftsname den Namen von Kommanditären nicht beinhalten.

Jegliche Gesellschaft auf Aktien muss ein Vermögen von mindestens 37000 Euro haben. Ausnahmsweise beträgt dieses Mindestvermögen für Pressegesellschaften 300 Euro, wenn die Gesellschaftsform eine société anonyme (Aktiengesellschaft) ist.

Das Gesetz Nr. 2013-504 vom 14. Juni 2013 über die Sicherheit der Arbeit hat für alle "sociétés anonymes" sowie für die „sociétés en commandite par actions" ein Mitbestimmungssystem eingeführt. Es handelt sich um die Gewährleistung der Anwesenheit von Arbeitnehmervertretern im Verwaltungs- und im Aufsichtsrat, mit gleichem Wahlrecht wie das der anderen Mitglieder.

Die Anzahl von Arbeitnehmern, die das Mitbestimmungssystem nützen sollen, beträgt 5000 oder 10000 für die Gesellschaften mit einem Sitz in Frankreich oder auch im Ausland. Sie sind verpflichtet, einen Betriebsrat im Sinne des Code du travail (Arbeitsgesetzbuch) zu wählen.

Solche Mitbestimmung findet man schon im öffentlichen Sektor und im Rahmen der privatisierten Gesellschaften. Dieses System wird von älteren Vorschriften geregelt, so z.B. mit dem Gesetz über die Demokratisierung des öffentlichen Sektors (loi de démocratisation du service pubic) und mit dem Gesetz über die Modalitäten der Privatisierungen (loi relative aux modalités des privatisations).

Die Genossenschaften (sociétés coopératives) können Aktiengesellschaften, SARL oder vereinfachte Gesellschaften auf Aktien sein. In diesem Kontext gehören das Entscheidungsrecht sowie das Gesellschaftsvermögen den Arbeitnehmern.

*v   Die sociétés anonymes (Aktiengesellschaften)*

Die sociétés anonymes oder SA sind Gesellschaften auf Aktien.

Ursprünglich brauchen sie mindestens zwei bzw. sieben Gesellschafter, wenn sie an der Börse notieren (sociétés côtées en bourse).

Auf der Geschäftsführungsebene der SA bestehen zwei Organisationsformen. Einerseits gibt es im Rahmen des Monismus einen Gesellschaftsführer und einen Verwaltungsrat (conseil d'administration). Anderseits gibt es im System des Dualismus eine Führung (directoire) und einen Aufsichtsrat (conseil de surveillance).

Der Veraltungsrat versammelt Verwalter als Inhaber von Aktien, die damit beauftragt sind, die Zielsetzungen der Gesellschaftsaktivität zu bestimmen sowie die Verwirklichung der Zielsetzungen zu kontrollieren.

Im Fall vom Dualismus wird die Gesellschaft von der Gesellschaftsführung verwaltet, die im Namen der Gesellschaft die Hauptentscheidungen trifft. Die Kontrolle der Geschäftsführung und der finanziellen Angelegenheiten ist die Sache des Aufsichtsrats, der Inhaber von Aktien periodisch versammelt.

*vi   Die Kommanditgesellschaften auf Aktien (sociétés en commandite par actions)*

24

Die Kommanditgesellschaften auf Aktien versammeln Kommanditäre, die Inhaber von Aktien sind, und Kommanditisten, Kaufleute, die unbeschränkt und solidarisch für die Gesellschaftsschulden haften. Die meisten Vorschriften für die „sociétés anonymes" und für de „sociétés par actions" finden entsprechende Anwendung. Es gibt dann einen Aufsichtsrat sowie eine Versammlung der Aktionäre.

*vii Die sociétés par actions simplifiées (vereinfachte Gesellschaften auf Aktien, SAS)*

Die „sociétés par actions simplifiées" werden von einer oder mehreren Personen gebildet, die für die Gesellschaftsschulden nur in Höhe der Aktien haften. Wenn es nur einen Gesellschafter gibt, heißt die Gesellschaft „société par actions simplifiée unipersonnelle" oder SASU. Die anwendbaren Rechtsvorschriften sind meistens die der „société anonyme".

Der Code de commerce regelt speziell die Besonderheiten der SAS und der SASU.

*viii Die société européenne (europäische Aktiengesellschaft)*

Die „société européenne" oder europäische Aktiengesellschaft ist eine der Gesellschaftsformen, die vom Europarecht geregelt wird.

Wenn der Sitz einer solchen Gesellschaft in Frankreich liegt, dann unterliegt sie dem französischen Recht über die europäische Aktiengesellschaft.

Sie wird in Frankreich im Handelsregister immatrikuliert. Weiters wird sie gemäß einer europäischen Regelung von 2001, von den speziellen französischen Rechtsvorschriften und von den Regeln der sociétés anonymes getragen.

Es ist möglich, den Sitz solch einer „société européenne" auf einfache Art und Weise innerhalb der Europäischen Union in ein anderes Land zu verlegen.

*ix Der groupement d'intérêt économique (wirtschaftlicher Interessenverband)*

Der „groupement d'intérêt économique" unterliegt nationalen Vorschriften.

Damit schließen sich für eine bestimmte Zeit mehrere natürliche oder juristische Personen zusammen, um die gemeinsamen wirtschaftlichen Tätigkeiten zu vereinfachen oder zu entwickeln und um die Ergebnisse ihrer Aktivitäten zu vermehren bzw. zu verbessern.

Dieses Konstrukt ist eine juristische Person und dient der Förderung der wirtschaftlichen bzw. kommerziellen Aktivitäten.

Außerdem unterliegt ihre Organisation einem strengen Formalismus.

Auf internationaler Ebene regelt eine EU-Verordnung vom 25. Juli 1985 die europäische Ausprägung solch einer Rechtsform.

## C  Die Haftung des Geschäftsführers

Der Geschäftsführer als Unternehmer haftet gleichermaßen wie jemand, der gegen gesetzliche Vorschriften oder Regelungen persönlich verstößt. Dabei geht es um seine strafrechtliche bzw. zivilrechtliche Haftung.

Es wird automatisch von der Haftung des Unternehmers für alle jene Straftaten ausgegangen, die im Rahmen seines Unternehmens begangen werden. Nach der Rechtsprechung der Cour de cassation (Kassationshof) kann die Haftung auch aufgrund eines Fehlers von Dritten gemäß Strafrecht entstehen, wenn Ausnahmefälle oder gesetzliche Obligationen den Unternehmer eigentlich verpflichten, die Handlungen eines Untergeordneten ordnungsgemäß zu überwachen (Cass. crim., 25. Juni 1969, Bull. crim. n° 213).

Die anzulastenden Straftaten sind dann für den Geschäftsführer vielfältig und können auch in Form der einfachen Fahrlässigkeit oder als Vorsatz eines Arbeitnehmers vorliegen (Cass. crim., 28. Februar 1956, JCP 1956, II, 9304).

Jedoch erlischt die strafrechtliche Haftung des Unternehmers, wenn und soweit die Straftat des Untergeordneten rein persönlich motiviert ist.

Im Bereich der Industrie und der geregelten Berufe ist die Rechtsprechung besonders streng.

Der Unternehmer kann seine strafrechtliche Haftung auf einen Untergeordneten verschieben, wenn er auf eine bestimmte Weise seine Macht diesem Untergeordneten überträgt (délégation de pouvoir).

Nach der strafrechtlichen Rechtsprechung der Cour de cassation vom 11. März 1993 darf der Geschäftsführer, der nicht persönlich an der Straftat teilgenommen hat, seine strafrechtliche Haftung ausschließen, wenn er nachweist, dass er seine Vollmacht an eine Person übertragen hat, die über die Kompetenz, die Autorität und die erforderlichen Mittel diesbezüglich verfügt, es sei denn, das Gesetz sieht eine andere Regelung vor.

Diese Machtübermittlung (délégation de pouvoir) muss regelmäßig und gültig sein: Demjenigen, an den diese Vollmacht gegeben wird, muss es bewusst sein und er muss auch im Voraus verstanden haben, dass diese Machtübertragung eine strafrechtliche Haftung mit sich bringen kann. Er kann auch gegebenenfalls selbst einen Teil seiner Macht einem Dritten übermitteln, der dann im Rahmen seiner Befugnisse wiederum selbst strafrechtlich haftet.

Dennoch bestehen für den Geschäftsführer strafrechtliche Kernverpflichtungen, die keine Machtübermittlung ausschließen kann. Es handelt sich um Pflichten wie die Organisation der Hauptversammlung oder die Anhörung des Betriebsrats.

Wenn der Gesellschafter seine Macht an mehrere Untergeordnete übermittelt, mit der Folge, dass ihre Machtausübung beeinträchtigt wird, dann kann er seine strafrechtliche Haftung auf der Basis der Machtübermittlung nicht ausschließen (Cass. Crim., 6. Juni 1989, Bull. crim. n° 243).

Das französische Strafgesetzbuch (Code pénal) betont in Artikel 121-1, dass eine Person nur für ihre eigenen Handlungen strafrechtlich haftet („nul n'est reponsable pénalement que de son propre fait"). Im Gesellschaftsrecht aber bestehen typischerweise natürliche verantwortliche Personen und juristische Personen wie Gesellschaften, die aus der Versammlung von natürlichen Personen herrühren. Es wird die Notwendigkeit anerkannt, die strafrechtliche Haftung sowohl der natürlichen Personen als auch der juristischen Personen zu konkretisieren. Jedoch besteht ein bestimmtes Ungleichgewicht, insofern, als dass die strafrechtlichen Grundgefüge und Sanktionen, die ursprünglich lediglich für natürliche Personen vorgesehen wurden, den juristischen Personen wie Gesellschaften angepasst werden müssen. Auf zivilrechtlicher Ebene wird ohnehin die Haftung des Geschäftsführers für seine Untergeordneten vorgesehen, als eine Form der zivilrechtlichen Haftung für Drittpersonen. Dies ist ein Grundprinzip des privaten Haftungsrechts ebenso wie des Arbeitsrechts. Theoretisch zumindest wird diese Auffassung im Strafrecht nicht vertreten. Wenn der Arbeitnehmer im Rahmen seiner beruflichen Tätigkeit einen Schaden verursacht, dann kann der Arbeitgeber dafür zivilrechtlich haften, und zwar deshalb, weil der Arbeitnehmer im Rahmen der Arbeit gehandelt hat, die ihm zugetraut wird. Denn dann hätte der Arbeitgeber gegen eine gewisse Aufsichtsverpflichtung verstoßen. Wenn der Arbeitnehmer in diesem Kontext persönlich eine Straftat begeht, dann ist diese strafrechtliche Haftung auch persönlich, mit der Folge, dass der Arbeitnehmer zu einer strafrechtlichen Sanktion wie eines Freiheitsentzugs oder der Bezahlung einer Gebühr verurteilt werden kann. Solch eine strafrechtliche Haftung bringt häufig eine Entschädigung der Opfer in der Form der Entrichtung von Geldsummen mit sich. In gesetzlich geregelten Konstellationen kann der Arbeitgeber für Handlungen oder Unterlassungen seiner Untergeordneten strafrechtlich verantwortlich sein, indem zum Schluss gekommen wird, dass der Unternehmer als Arbeitgeber selbst eine persönliche Straftat begangen hat; nämlich immer dann, wenn die direkte Machtausübung des Arbeitsgebers, und soweit keine gültige Machtübermittlung an Dritte stattgefunden hat, zur eigenen strafrechtlichen Haftung des Arbeitgebers führt.

Besonders relevant sind speziell die Straftaten in Verbindung mit der Verfassung, der Verteilung und der Kontrolle der Buchführung (comptes annuels oder jährliche Konten, comptes consolidés oder konsolidierte Konten, usw.). Denn je nach Gesellschaftsform bestehen präzise gesetzliche Buchführungspflichten als obligatorische Formalitäten. Ungeachtet deren Sinn und Zweck führt die Unterlassung dieser Formpflichten zu der Sanktion einer Straftat, die dem Unternehmer vorgeworfen wird.

28

Bestimmte Informationen über die Buchführung bzw. über die Finanzen der Gesellschaften müssen veröffentlicht werden: Die entsprechenden Gesetze müssen eingehalten werden und wenn nicht, dann wird eine Straftat qualifiziert.

Die Vermittlung von falschen rechnerischen Angaben über die Gesellschaft (communication de comptes infidèles) wird zu einer Straftat, und zwar umso mehr, wenn die Absicht vorliegt, die tatsächliche finanzielle Lage der Gesellschaft zu verschleiern.

Dem Unternehmer können unter Umständen bestimmte Straftaten betreffend die Kontrolle der Geschäftsführung sowie der Konten vorgeworfen werden. Es wird davon ausgegangen, dass der Geschäftsführer für das Unternehmen diesbezüglich wichtige Entscheidungen trifft, die insbesondere in komplexen Unternehmensformen einer akuten Überwachung unterliegen müssen. Es geht um die Kontrolle des befugten Wirtschaftsprüfers (le commissaire aux comptes). Wenn die Gesellschaft als juristische Person gesetzlich verpflichtet ist, einen solchen befugten Wirtschaftsprüfer zu engagieren, dann muss der Unternehmer ex lege diesen Wirtschaftsprüfer engagieren und er muss ihn zu den Gesellschaftsversammlungen einladen, ansonsten droht dem Unternehmer im Regelfall eine strafrechtliche Sanktion (siehe Artikel L820-4, 1°, des Code de commerce). Der Geschäftsführer und seine Mitarbeiter, die eine zur Benennung eines commissaire aux comptes verpflichtete juristische Person anführen müssen, haben darauf zu achten, die Wirtschaftsprüfungsrolle und die Kontrolle durch ernannte Experte nicht zu stören; denn diese letzteren müssen einen spontanen Zugang zu den erforderlichen Dokumenten wie Verträgen, zur Buchhaltung, zu den Rechnungsbelegen jeglicher Art und bzw. zu Registern von Beschlüssen bekommen (siehe Artikel L820-4, 2°, des Code de commerce), ansonsten liegt im Regelfall eine Straftat vor. Die Straftaten werden als délits d'entrave au contrôle (Kontroll-Verhinderungsdelikt) qualifiziert.

Ihrerseits unterliegen Wirtschaftsprüfer (siehe Artikel L820-5 des Code de commerce) strengen Verpflichtungen. Jegliche Wirtschaftsprüfer ohne gesetzlich geregelte Befugnisse, die sich als commissaire aux comptes vorstellen, ohne diese Position zu haben, oder diejenigen, die eine andere Position geltend machen, um unbefugt die Funktion des commissaire aux comptes auszuüben, sind nach Artikeln L820-5 und L820-6 des Code de commerce strafrechtlich zu sanktionieren. Die commissaires aux comptes müssen außerdem auf einer Liste eingetragen sein und einen Eid geleistet haben. Sie unterliegen der beruflichen Geheimhaltungspflicht.

Jene Personen, die also im eigenen Namen oder als Gesellschafter den beeideten Rechnungs-prüfern hinsichtlich der Situation einer juristischen Person falsche Informationen weiter-geben oder diese bestätigen, oder die der Staatsanwaltschaft deliktische Handlungen nicht unverzüglich zur Kenntnis bringen, sind nach Artikel L820-7 des Code de commerce strafrechtlich zu verurteilen.

Somit herrscht eine gewisse Loyalitätspflicht in der Führung der Finanzangelegenheiten einer Gesellschaft. Die amtlich geforderte Wirtschaftsführung wird so ausführlich gewahrt. Außerdem treffen auf dieser Ebene nicht nur die Wirtschaftsprüfer strenge Verpflichtungen, sondern auch die Unternehmer und Geschäftsführer. Sie dürfen betreffend die Lage der Gesellschaft nicht lügen und müssen bei Straftaten diese spontan bei der Staatsanwaltschaft anzeigen.

Der abus de biens sociaux (Unterschlagung) ist eine Straftat, die für jeglichen Geschäftsführer einer Gesellschaft darin besteht, die Gesellschaftervollmachten, die Gesellschaftsgüter bzw. das Image der Gesellschaft willentlich zu Lasten der Gesellschaft zu benutzen, beispielsweise zum eigenen Gunsten oder zugunsten eines Drittunternehmens, in dem der Straftäter persönlich Interessen hat (siehe Artikel L242-6 des Code de commerce).

Die Verteilung von fiktiven Dividenden (distribution de dividendes fictifs) ist auch eine Straftat, für die die Geschäftsführer haften.

Die gesetzlichen Pflichten, z.B. Gesellschafterversammlungen nach präzisen Verfahren zu organisieren, müssen von der Gesellschaftsführung eingehalten werden; Wenn nicht, dann liegt grundsätzlich eine Straftat vor.

Diese Pflichten bestehen auch darin, die Stimmrechte in den Versammlungen zu respektieren und die Ergebnisse der Versammlungen in Unterlagen gesetzmäßig festzuhalten.

Der Geschäftsführer, dessen Gesellschaft einem Insolvenzverfahren unterworfen ist, muss einer gewissen finanziellen Neutralität nachkommen. Ihm wird die Straftat der „banqueroute" vorgeworfen. Die „banqueroute" (Artikel L654-2 des Code de commerce) liegt vor, wenn der Geschäftsführer:

- Einkäufe zum Zwecke eines unangemessen billigen Verkaufs macht bzw. zum Erwerb von Kapital ruinöse Geschäfte treibt, und zwar mit der Absicht, die Eröffnung des Insolvenzverfahrens zu vermeiden bzw. zu verschieben;

- die Aktiva des Schuldners vollständig oder teilweise verschleiert oder unterschlägt;

- durch rechtswidrige Machenschaften die Passiva des Schuldners erhöht;

- eine fiktive Buchhaltung führt, Buchungsbelege der Gesellschaft oder Belege hinsichtlich einer juristischen Person verschleiert, bzw. gar keine Buchhaltung führt, obwohl das Gesetz es strikt verlangt;

- eine offenkundig unvollständige oder unregelmäßige Buchhaltung nach den gesetzlichen Vorschriften führt.

30

Diese Straftat wird mit Geldbußen, Freiheitsstrafen sowie mit persönlichen oder beruflichen Sanktionen verurteilt. In erster Linie zeigt sich das Verbot jeglicher weiterer Geschäftsführungstätigkeit.

Solch eine Straftat wird nicht nur von natürlichen Personen begangen, sondern auch von juristischen Personen wie Gesellschaften. In diesem Fall wird die Strafe der Natur der Gesellschaft als juristische Person angepasst.

Das französische Strafrecht sanktioniert auch den Insiderhandel im Sinne der Verordnung (EU) Nr. 596/2014 des Europäischen Parlaments und des Rates vom 16. April 2014 über Marktmissbrauch (Marktmissbrauchsverordnung) und zur Aufhebung der Richtlinie 2003/6/EG des Europäischen Parlaments und des Rates und der Richtlinien 2003/124/EG, 2003/125/EG und 2004/72/EG der Kommission (Text von Bedeutung für den EWR).

Der Gesellschaftsführer, der Personen anstellt, unterliegt arbeitsrechtlichen Verpflichtungen. Die Arbeitsleistungen in seinem Unternehmen müssen gesetzeskonform sein:

- er muss jegliche Arbeitstätigkeit in seinem Unternehmen den öffentlichen Behörden melden, andernfalls liegt die Straftat von „travail dissimulé „(versteckte Arbeit) vor;

- er darf Arbeitskräfte nicht gesetzwidrig verleihen, ansonsten droht die Straftat von „marchandage" bzw. „prêt illicite de main d'oeuvre" (ungesetzlicher Handel mit Arbeitskräften); Mit der „marchandage" verkauft der Geschäftsführer Arbeitskraft zu Lasten des verkauften Angestellten oder mit der Absicht, das Arbeitsrecht zu umgehen (Artikel L8231-1 des Code du travail). Ein „prêt illicite de main d'oeuvre" (Artikel L8241-1 des Code du travail) liegt vor, wenn Angestellte entgeltlich vermietet werden, es sei denn, diese Angestellten gehören zu einer bestimmte Kategorie: Teilzeitbeschäftigte, berufliches Modemodel, Sportler, Arbeitnehmer- oder Arbeitgebergewerkschafter. Und auch der „portage salarial". Das ist eine „Dreiecks- Arbeitsbeziehung", mit der ein Arbeitnehmer mit einem Arbeitsunternehmen als Arbeitgeber einen Arbeitsvertrag abgeschlossen hat, um Arbeitsleistungen zugunsten von Drittunternehmen als Kunden zu leisten: Im Gegensatz zum Leiharbeit (intérim) versteht sich der Arbeitnehmer des portage salarial als unabhängig und er unterliegt anderen Rechtsvorschriften.

- es wird ihm verboten, Ausländer ohne Identifizierungsdokumente zu beschäftigen;
- er darf nicht die gesetzwidrige Häufung von Arbeitstätigkeiten erlauben;
- er muss sich jeglicher Erklärungspflicht unterziehen.

Es besteht strafrechtlich immer ein „délit d'entrave", wenn der Arbeitgeber die Entfaltung von Gewerkschaftsrechten der Arbeitnehmer verhindert.

Ein „harcèlement moral" (Artikel L1152-1 des Code du travail) liegt vor, wenn der Arbeitnehmer dauerhaft ungebührend ausgenützt wird, und seine Arbeitsbedingungen verletzt bzw. seine Rechte und seine Ehre, seine Gesundheit und. seine berufliche Zukunft auf Spiel gesetzt werden. Ein Opfer von einem „harcèlement moral" und auch diejenigen Arbeitnehmer, die solche Straftaten denunzieren, dürfen nicht diskriminiert werden. Und der Arbeitgeber muss Vorbeugungsmaßnahmen gegen solche Missstände treffen; Hier kann ein Mediationsverfahren notwendig werden.

Das gleiche gilt für den Tatbestand eines „harcèlement sexuel" (sexuelle Belästigung, Artikel L1153-1 des Arbeitsgesetzbuchs, Code du travail). Die sexuelle Belästigung ist Gegenstand einer umfassenden Verurteilung in Artikel L1153-1 des französischen Arbeitsgesetzbuchs (Code du travail). Kein Mitarbeiter sollte Tatsachen ausgesetzt werden, die eine sexueller Belästigung verfassen und in wiederholten Äußerungen oder Verhaltensweisen mit sexueller oder sexistischer Konnotation bestehen, die entweder aufgrund ihrer erniedrigenden oder demütigenden Natur seine Würde untergraben oder eine einschüchternde, feindselige oder beleidigende Situation gegen ihn schaffen. Eine sexuelle Belästigung liegt auch vor, wenn derselbe Mitarbeiter solchen Äußerungen oder Verhaltensweisen von mehreren Personen gemeinsam oder auf Veranlassung einer von ihnen ausgesetzt ist, obwohl nicht jede dieser Personen wiederholt gehandelt hat oder wenn derselbe Mitarbeiter nacheinander solchen Bemerkungen oder Verhaltensweisen ausgesetzt ist, die von mehreren Personen kommen, die auch ohne Rücksprache wissen, dass diese Bemerkungen oder Verhaltensweisen eine Wiederholung kennzeichnen. Tatsachen, die mit sexueller Belästigung gleichgestellt sind und in jeder Form von ernsthaftem, auch nicht wiederholtem Druck bestehen, der mit dem tatsächlichen oder scheinbaren Ziel ausgeübt wird, eine sexuelle Handlung zu erreichen, sei es zum Vorteil des Täters oder zum Vorteil eines Dritten, sind auch untersagt. Dem Opfer solch eines Delikts steht ein Schadenersatz zu.

# III Insolvenzfälle

## A Allgemeines

Das französische Insolvenzrecht sieht mehrere Mechanismen betreffend Insolvenzfälle vor.

Es bestehen grundsätzlich drei Arten von Insolvenzverfahren im engeren Sinne. Es handelt sich um die gerichtliche Liquidation (liquidation judiciaire), das gerichtliche Sanierungsverfahren (redressement judiciaire) und das präventive Sanierungsverfahren (procédure de sauvegarde).

Die Einsetzung eines „mandataire ad hoc" (ad hoc Beauftragter) und die „procédure de conciliation" (Schlichtungsverfahren) sind auch Bestandteile des juristischen Prozedere. Der „mandataire ad hoc" wird auf Antrag des Schuldners vom Gerichtsvorsitzenden zum Zwecke bestimmter insolvenzbezogener Aufgaben ernannt.

Hinzu kommt anlässlich der Kronakrise ein neuartiges Krisebekämpfungsinsolvenzverfahren („procédure de sortie de crise").

## B Vorstellung der Insolvenzverfahren im engeren Sinne

### 1 Liquidation judiciaire (gerichtliche Liquidation)

Die „liquidation judiciaire" (Artikel L640-1 des Code de commerce) entspricht der Lage eines Unternehmens, das eine gewisse Schwelle der Zahlungsunfähigkeit (cessation des paiements) erreicht hat, dh. wenn die Sanierung dieses Unternehmens unmöglich geworden ist. Das Insolvenzverfahren muss dann die Beendigung der Tätigkeiten des Unternehmens in die Wege leiten bzw. die Veräußerung des Vermögens des Schuldners einschließlich seiner Ansprüche und Güter jeglicher Art vornehmen, und zwar im Einzelnen oder insgesamt.

Die „Liquidation judiciaire" ist auf bestimmte Unternehmen und Unternehmer (Artikel L640-2 Absatz 1 des Code de commerce) begrenzt:

- Personen, die eine kommerzielle, handwerkliche oder landwirtschaftliche Tätigkeit ausüben;
- unabhängige Unternehmer jeglicher Art, als natürliche Personen;
- Freiberufliche, als natürliche Personen;
- privatrechtliche juristische Personen.

Es besteht nach der „cessation des paiements" eine gesetzlich geregelte Frist von 45 Tagen, in der der Schuldner die Eröffnung der Liquidation beantragen muss, wenn er nicht innerhalb dieser Frist die Eröffnung einer procédure de conciliation, also eines Schlichtungsverfahrens, beantragt hat (Artikel L640-4 des Code de commerce).

Soweit kein Schlichtungsverfahren abläuft, können andere Akteure das Liquidationsverfahren eröffnen lassen. Es handelt sich um die Staatsanwaltschaft und die Gläubiger des Unternehmens (Artikel L640-5 des Code de commerce). Die Klage des Gläubigers kann auch unter bestimmten Umständen innerhalb einer einjährigen Frist erhoben werden, wenn der Schuldner seine berufliche Tätigkeit beendet hat.

## 2   Redressement judiciaire (gerichtliches Sanierungsverfahren)

Das Verfahren eines „redressement judiciaire" (Artikel L631-1 des Code de commerce) betrifft bestimmte Schuldner, die mit ihrem verfügbaren Vermögen ihre anfälligen Schulden nicht abdecken können und die Schwelle der Zahlungsunfähigkeit erreicht haben. Dieses Verfahren zielt auf die Weiterführung der Unternehmenstätigkeit, die Aufrechterhaltung der Arbeitsstellen und die Lösung der Schuldenprobleme ab. Dazu wird im Rahmen eines Gerichtsverfahrens eine Planung nach einer Überwachungsphase erarbeitet und in bestimmten Situationen werden außerdem zwei Gläubigergremien gebildet.

Wie im Falle der „liquidation judiciaire" kann das Verfahren des „redressement judiciaire" diverse Personen betreffen: Kaufleute, Handwerker, Landwirte, Freiberufliche, unabhängige Berufe sowie privatrechtliche juristische Personen jeglicher Art (Artikel 631-2 Abs. 1 des Code de commerce).

Die Staatsanwaltschaft, die Gläubiger sowie die Erben des Schuldners dürfen das Verfahren des „redressement judiciaire" ihrerseits in die Wege leiten.

Weil das Verfahren des „redressement judiciaire" ebenso wie das Verfahren der „liquidation judiciaire" klassische Insolvenzverfahren sind, muss die Eröffnung solcher Verfahren vom Schuldner innerhalb der 45 Tage nach der Insolvenz beantragt werden, falls der Schuldner innerhalb dieser Frist die Eröffnung des Schlichtungsverfahrens namens „conciliation" nicht beantragt hat.

Das „comité d'entreprise" (Betriebsrat) oder sonst die Delegierten des Personals sind dazu befugt, dem Vorsitzenden des Gerichts oder der Staatsanwaltschaft jegliche Tatsachen mitzuteilen, welche zur „cessation des paiements" geführt haben könnten (Artikel L631-6 des Code de commerce).

Es besteht eine Überschneidung zwischen dem Verfahren der „liquidation judiciaire" bzw. des „redressement judiciaire": Im ersten Fall kann das Unternehmen nicht gerettet werden,

34

im zweiten Fall erzielt das Verfahren die Rettung des Unternehmens. Das Gericht, das mit der Eröffnung eines Redressement judiciaire-Verfahrens beantragt wird, darf entscheiden, doch eine „gerichtliche Liquidation" zu eröffnen, wenn die Sachlage es berechtigt.

Es ist die Rolle des Gerichts, zu ermitteln, wann genau die Schwelle der Zahlungsunfähigkeit erreicht worden ist. Dazu benutzt es bestimmte Anhaltspunkte, die auf tatsächlichen und rechtlichen Umständen beruhen.

Das Gericht kann bestimmte Akteure einberufen, zum Beispiel einen „administrateur judiciaire" (einen gerichtlichen Verwalter), einen mandataire judiciaire (einen gerichtlichen Bevollmächtigten), einen „huissier de justice" (einen Gerichtsvollzieher) oder einen commissaire-priseur judiciaire (einen gerichtlichen Auktionär) .

Das Insolvenzverfahren ist grundsätzlich einheitlich und dessen insolvenzrechtlicher Sinn und Zweck muss von jedermann respektiert werden. Dieser Grundsatz wird auch mit strafrechtlichen Sanktionen gewahrt.

Im Rahmen des des redressement judiciaire versucht das Gericht, Investoren zu finden, um die bestmögliche Weiterverführung des Unternehmens zu erwirken.

Die Rettung des Unternehmens durch das „redressement judiciaire" kann zur Kündigung von Arbeitnehmern berechtigen.

Das „redressement judiciaire" ist ein Insolvenzverfahren, in dem alle Betroffenen mit- arbeiten, damit das Unternehmen gerettet werden kann, jedoch vorausgesetzt, dass bestimmte Kompromisse erforderlich sind.

Das Insolvenzverfahren ist umfassend geregelt und diverse Konstellationen werden von Fall zu Fall gesetzlich geregelt.

Demzufolge werden bestimmte Handlungen im Rahmen des „redressement judiciaire" als nichtig betrachtet. Es sind in erster Linie Handlungen, die das Unternehmen finanziell benachteiligen. Sie werden nach der Klageerhebung des administrateur (Verwalter), des mandataire judiciaire (gerichtlicher Bevollmächtigter), des commissaire à l'exécution du plan (Konkursverwalter), oder des ministère public (Staatsanwaltschaft) für nichtig erklärt, damit die Aktiva des Schuldners aufrechterhalten werden (Artikel L632-4 des Code de commerce).

## 3 Procédure de sauvegarde (das Verfahren der sauvegarde)

Das Verfahren der „sauvegarde" (Artikel L620-1 des Code de commerce) wird auf Antrag des Schuldners eröffnet, der weder das Verfahren der liquidation judiciaire noch das Verfahren des redressement judiciaire beantragt, weil er die Schwelle zur Zahlungsunfähigkeit nicht erreicht hat. Sobald es aber doch unüberwindliche Zahlungsschwierigkeiten gibt, ist das Ziel, die Wiederorganisierung des Unternehmens in die Wege zu leiten, damit dessen wirtschaftliche Tätigkeit fortgesetzt wird, die Arbeitsstellen aufrechterhalten und die Verbindlichkeiten abgedeckt werden. Dazu wird ein Plan namens plan de sauvegarde vor Gericht erarbeitet, und zwei Gläubigergremien können zusammengefasst werden.

Dieses Insolvenzverfahren ist einheitlich und muss von jedem eingehalten werden. Es betrifft die gleichen Personen wie die des redressement judiciaire bzw. der liquidation judiciaire.

Es handelt sich weiters um ein gerichtliches kollektives Verfahren, bei dem der Schuldner, die Vertreter der Arbeitnehmer, bestimmte Kammern oder Zusammenschlüsse von Freiberuflichen, Experten, administrateurs judiciaires (gerichtliche Verwalter) und mandataires judiciaires (gerichtliche Bevollmächtigten) sowie die Staatsanwaltschaft einwirken können.

Für Kaufleute und Handwerker ist das Gericht Tribunal de commerce zuständig.

Wie in den anderen Insolvenzverfahren bestehen Insolvenzerklärungsverpflichtungen für die Gläubiger, die jeweils einen spezifischen Vorrang genießen.

Der administrateur judiciaire erarbeitet einen bilan économique, social et environnemental (Wirtschafts-, Sozial- und Umweltbilanz des Unternehmens).

Die Auflistung der Schulden ist Sache des mandataire judiciaire (gerichtlicher Bevollmächtigter) unter der Schirmherrschaft des Gerichts.

Der Ehegatte des Schuldners unterliegt bestimmten Neutralitätspflichten.

Die Eigentümer von beweglichen Sachen im Besitz des Schuldners verfügen nur über ein begrenztes Klagerecht, um die betroffenen beweglichen Sachen zurück zu bekommen (droit de revendication).

Was die Gesellschaften betrifft bezieht sich die gerichtliche Entscheidung der Insolvenzeröffnung für die sauvegarde auf das Gesellschaftsvermögen zu diesem Zeitpunkt.

Die Arbeitsverträge werden möglichst geschützt, und zwar mit dem Arbeitnehmerprivileg (privilège du salarié) sowie der Lohngarantie (garantie des salaires).

Der Rettungsplan - plan de sauvegarde - ist ein Kompromiss.

Es besteht auch ein Verfahren der beschleunigten Rettung, die „procédure de sauvegarde accélérée".

36

Dieses beschleunigte Verfahren wird unter bestimmen Umständen von einem Schuldner beantragt, der im Rahmen eines Schlichtungsverfahrens einen Planentwurf zur Rettung des Unternehmens erarbeitet hat.

Das beschleunigte Finanzrettungsverfahren (procédure de sauvegarde financière accélérée) betrifft finanzielle Schulden.

## 4 Krisebekämpfungsinsolvenzverfahren („procédure de sortie de crise")

Es wurde zugunsten bestimmter zahlungsunfähiger Unternemen bzw. Vereine ein massgeschnittenes Insolvenzverfahren zum Zweck deren Fortführung trotz der Koronakrise mit einem Gesetz vom 31. Mai 2021 eingeführt. Es betrifft schuldnerische Unternehmen bzw. Vereine mit weniger als zwanzig Arbeitnehmer, mit einem auf weniger als drei Milionen begrenzten Passiva und mit genug Vermögen zur Bezahlung der Arbeitnehmer, die in der Lage sind, innerhalb von drei Monate ein Fortführungsplan (plan de contniuation) zu erarbeiten, wenn sie sich vor der Koronakrise in einer befriedigenden finanziellen Lage befanden.

## C Finanzierungsinstrumente: Die Kreditsicherheiten

## 1 Allgemeines

Nach Artikel 544 des Code civil ist das Eigentum das Recht, Sachen unbeschränkt zu nutzen und über sie zu verfügen, welches nur durch Gesetze oder Verordnungen eingeschränkt werden kann. Die Kreditsicherheiten sowie der Eigentumsvorbehalt werden als Abweichungen von diesem Grundsatz angenommen.

Mit dem Konsensualismus (consensualisme) erfolgt die Eigentumsübertragung grundsätzlich mit dem Konsens der Parteien.

Im Rahmen der Verträge, die die Veräußerung des Eigentums oder die Abtretung eines anderen Rechts zum Gegenstand haben, entsteht die Eigentumsübertragung zur Zeit des Abschluss des Vertrags (Artikel 1196 Absatz 1 des Code civil).

Diese Eigentumsübertragung kann aber nach dem Willen der Parteien, der Natur der Sachen nach oder nach einem Gesetz verschoben werden (Artikel 1196 Absatz 2 des Code civil).

Speziell für Kaufverträge sieht Artikel 1583 des Code civil folgenden Konsensgrundsatz vor: Soweit die Kaufsache und der Kaufpreis vereinbart werden, erfolgt der Kaufvertrag mit der Eigentumsübertragung zu Gunsten des Käufers.

Auch auf der Ebene der Risikoübertragung (transfert de la charge des risques) bestehen Besonderheiten.

Die Eigentumsübertragung bewirkt die Risikoübertragung des betroffenen Gutes. Jedoch stehen diese Risiken dem Schuldner der Lieferungsforderung zur Zeit der Mahnung zu, und zwar gemäß Artikel 1344-2 des Code civil, und unter Vorbehalt der Vorschriften von Artikel 1351-1 des Code civil (Nach Artikel 1344-2 des Code civil bewirkt die Mahnung, die Sache zu liefern, die Risikoübertragung zum Lasten des Schuldners zu vollführen, soweit diese noch nicht stattgefunden hat).

Wenn die Ausführungsunmöglichkeit aus dem Untergang des Gutes herrührt, ist der Schuldner, der die Mahnung erhalten hat, von der Ausführungspflicht befreit, wenn er beweist, dass der Verlust auch dann stattgefunden hätte, wenn die Verpflichtung nicht stattgefunden hätte (Artikel 1351-1 Absatz des Code civil). Der Schuldner muss jedoch dem Gläubiger die Rechte und Ansprüche an der Sache abtreten (Artikel 1351-1 Absatz 2 des Code civil).

## 2 Der Eigentumsvorbehalt

Mit dem Eigentumsvorbehalt wird die aus einem Vertrag resultierende Eigentumsübertragung bis zur vollständigen Bezahlung im Wege der aufschiebenden Bedingung verschoben (Artikel 2367 Absatz 1 des Code civil).

Der Eigentumsvorbehalt unterliegt dem Akzessorietätsprinzip (Artikel 2367 Absatz 2 des Code civil), indem er an eine Forderung geknüpft ist.

Der Eigentumsvorbehalt wird weiters schriftlich vereinbart (Artikel 2368 des Code civil).

Gattungssachen, die Gegenstand eines Eigentumsvorbehalts sind, werden nach der Höhe der verbleibenden Forderung von gleichen Gattungssachen ersetzt, die entweder zum Schuldner gehören oder zu seinem Gunsten besessen werden (Artikel 2369 des Code civil).

Die Eingliederung eines beweglichen Gutes unter Eigentumsvorbehalt in ein anderes, beeinträchtigt die Ansprüche der Gläubiger nicht, wenn diese Güter ohne Schaden getrennt werden können (Artikel 2370 des Code civil).

Mangels der vollständigen Zahlung zum vereinbarten Termin darf der Gläubiger die Rückgabe des Gutes verlangen, damit er wieder darüber verfügen darf (Artikel 2371 Absatz 1 des Code civil).

Damit erlischt die Forderung nach der Höhe des Wertes des betroffenen Gutes (Artikel 2371 Absatz 2 des Code civil).

Wenn der Wert des betroffenen Gutes den Betrag der betroffenen noch gültigen Forderung überschreitet, dann schuldet der Gläubiger dem Schuldner eine Geldsumme in Höhe des Wertunterschieds (Artikel 2371 Absatz 3 des Code civil).

Das Eigentumsrecht verschiebt sich auf die Forderung des Schuldners gegenüber dem Untererwerber oder auf die Versicherungsentschädigung in Verbindung mit dem Gut. Dann ist der Untererwerber oder der Versicherer befugt, gegen den Schuldner die Ausnahmen aus der Schuld, oder die Ausnahmen aus seinen Beziehungen mit dem Schuldner vor seiner Kenntnisnahme der Verschiebung, geltend zu machen (Artikel 2372 des Code civil).

Der Eigentumsvorbehalt hat eine besondere Beziehung zu unkörperlichen bzw. immateriellen Gütern.

Artikel L111-3 des französischen Gesetzbuches über das geistige Eigentum (Code de la propriété intellectuelle) schreibt vor, dass das geistige Eigentum vom Eigentum an körperlichen Gütern unabhängig ist.

In diesem Rahmen steht dem Inhaber des geistigen Eigentums kein Eigentum an den entsprechenden körperlichen Gütern zu (Cass. com., 19 novembre 2003, n° 01-01.137, Bull. Civ. IV, n° 174; JCP G 2004, I, 153, n° 13, note Cabrillac; JP G 2004, I, 113, n° 1, Caron; D. 2003, p. 3049, note Liénhard).

## 3   Sonstige Kreditsicherheitsformen

Andere Kreditsicherheitsformen begleiten das Leben der Unternehmen.

### a   Das Faustpfand (gage)

#### *aa  Allgemeines*

Das Faustpfand ist eine Vereinbarung, durch die ein Schuldner einem Gläubiger das Recht verleiht, auf ein bewegliches Gut oder auf eine Gesamtheit von vorliegenden oder künftigen körperlichen beweglichen Gütern im Vorrang bezahlt zu werden (Artikel 2333 des Code civil).

Die betroffenen Forderungen können gegenwärtig oder künftig sein; Im letzteren Fall müssen sie bestimmbar sein (Artikel 2333 Absatz 2 des Code civil).

Das Faustpfand kann ursprünglich bewegliche Güter betreffen, die zu Immobilien geworden sind und die Rangordnung von Hypotheken und Faustpfänden hängt von deren zeitlichen Registrierung unter Vorbehalt des Retentionsrecht der (Artikel 2334 des Code civil).

Das Faustpfand an der Sache eines Dritten kann vom Gläubiger angefochten werden, wenn dieser Gläubiger ignorierte, dass diese Sache nicht seinem Schuldner gehörte (Artikel 2335 des Code civil).

Das Faustpfand wird mit der Errichtung eines schriftlichen Dokuments verwirklicht, das die Bezeichnung der betroffenen Forderung, die Menge der betroffenen Güter und deren Art oder Natur beinhaltet (Artikel 2336 des Code civil).

Das Faustpfand wird durch Werbung Dritten (Artikel 2337 Absatz 1), durch die Enteignung des betroffenen Guts oder durch die Enteignung des Eigentumstitels Dritten (Artikel 2337 Absatz 2) gegenüber wirksam.

Wenn das Faustpfand regelmäßig veröffentlicht worden ist, dürfen die speziellen Rechtsinhaber des Schuldners Artikel 2276 des Code civil nicht geltend machen (Artikel 2337 Absatz 3 des Code civil).

Der Schuldner kann die Löschung der Einschreibung oder die Rückgabe des betroffenen Gutes nur dann verlangen, nachdem er die betroffene Schuld samt Interessen und Kosten vollständig bezahlt hat (Artikel 2339 des Code civil).

Wenn das gleiche Gut aufeinander Gegenstand von besitzlosen Faustpfandvereinbarungen (gages sans dépossession) ist, wird der Rang der Gläubiger nach der Registrierungszeit geregelt (Artikel 2340 Absatz 1 des Code civil).

Wenn das gleiche Gut Gegenstand eines Faustpfands mit Besitz (gage avec dépossession) und nachträglich Gegenstand eines besitzlosen Faustpfandes (gage sans dépossession) ist, dann wirkt das Vorzugsrecht (droit de préférence) des vorherigen Faustpfandgläubigers vor dem Anspruch des nachträglichen Faustpfandgläubigers, wenn das Vorzugsrecht regelmäßig veröffentlicht worden ist, unter Vorbehalt des Retentionsrechts des zweiten Faustpfandgläubigers (Artikel 2340 Absatz 2 des Code civil).

Wenn das Faustpfand mit Besitz Gattungssachen betrifft, muss der Gläubiger die betroffenen Gattungssachen von denjenigen gleichen Gütern getrennt halten, die ihm gehören. Ansonsten darf der Schuldner die Vorschriften von Artikel 2344 Absatz 1 geltend machen (Artikel 2341 Absatz 1 des Code civil). In solchen Fällen darf der Schuldner nach Vereinbarung die Güter veräußern und mit Gütern gleicher Art und Menge ersetzen (Artikel 2341 Absatz 3 des Code civil).

Wenn die Vereinbarung von dieser Verpflichtung des Gläubigers abweicht, dann erwirbt er das Eigentum an den betroffenen Gütern und er muss die gleiche Menge von Gütern gleicher Art zurückgeben (Artikel 2341 Absatz 2 des Code civil).

Wenn das Faustpfand mit Besitz Gattungssachen betrifft, darf der Schuldner sie veräußern, und mit der gleichen Menge von gleichen Gattungssachen ersetzen, es sei denn, es wird vertraglich verboten (Artikel 2342 des Code civil).

Wenn der Schuldner unter den Voraussetzungen von Artikel 2341 oder 2342 die Pfandgüter veräußern darf, dann sind die erworbenen Ersatzgüter demzufolge Faustpfandgegenstände (Artikel 2342-1 des Code civil).

Der Schuldner muss dem Gläubiger oder dem vereinbarten Dritten die nützlichen oder erforderlichen Ausgaben zurückbezahlen, die dieser Schuldner oder Dritte zur Aufrechterhaltung des Faustpfandes entrichtet hat (Artikel 2343 des Code civil).

Wenn das Faustpfand besitzlos ist, kann der Schuldner die Rückgabe des betroffenen Gutes verlangen, gegebenenfalls durch Schadenersatz, wenn der Gläubiger oder der vereinbarte Dritte seiner Aufrechterhaltungspflicht des Faustpfandes nicht nachkommt (Artikel 2344 Absatz 1 des Code civil).

Wenn das Faustpfand mit Besitz vereinbart wird, kann der Gläubiger die Nichtzahlung der betroffenen Forderung zum vereinbarten Termin geltend machen oder einen Zuschuss mit dem Faustpfand verlangen, wenn der Schuldner seiner Aufrechterhaltungspflicht des Faustpfands nicht nachkommt (Artikel 2344 Absatz 2 des Code civil).

Wenn keine sonstige Vereinbarung besteht, erhält der Inhaber des betroffenen Guts als Gläubiger der betroffenen Forderung die Früchte des Guts, die dazu dienen, die Forderungszinsen oder den Forderungsbetrag zu begleichen (Artikel 2345 des Code civil).

Wenn die betroffene Forderung nicht bezahlt wird, darf der Gläubiger verlangen, dass das betroffene Gut gerichtlich verkauft wird. Dieser Verkauf erfolgt nach den Modalitäten, die für die Vollstreckungsverfahren vorgesehen sind, und die Faustpfandvereinbarung darf davon nicht abweichen (Artikel 2346 Absatz 1 des Code civil).

Wenn das Faustpfand eine berufliche Forderung abdeckt, darf der Gläubiger die betroffenen Güter mit der Einwirkung eines Notars, eines Gerichtsvollziehers, eines Auktionators oder eines vereidigten Warenmaklers öffentlich verkaufen lassen, und zwar einfach acht Tage nach Mahnung des Schuldners bzw. des Dritten, der das Faustpfand veranlasst hat (Artikel 2346 Absatz 2 des Code civil).

Der Gläubiger kann auch gerichtlich verlangen, das Gut statt der Zahlung zu erhalten (Artikel 2347 Absatz 1 des Code civil).

Wenn der Wert des Gutes den Wert der betroffenen Forderung überschreitet, wird eine Summe in Höhe des Unterschieds dem Schuldner bezahlt; Wenn andere Faustpfandgläubiger

41

vorliegen, dann wird dieser Unterschiedsbetrag hinterlegt (Artikel 2347 Absatz 2 des Code civil).

Es kann zur Zeit der Faustpfandvereinbarung oder nachträglich vereinbart werden, dass der Gläubiger mangels der Ausführung der betroffenen Verpflichtung Eigentümer des betroffenen Gutes wird (Artikel 2348 Absatz 1 des Code civil, lex commissoria oder „pacte commissoire).

Der Wert des Gutes wird am Tag der Übertragung von einem gerichtlich oder außergerichtlich benannten Experten bestimmt, soweit das Gut nicht Gegenstand einer amtlichen Bewertung auf einem im Sinne des Code monétaire et financier (Währungs- und Finanzgesetzbuch) organisierten Markt ist. Jegliche Klausel dagegen ist nichtig (Artikel 2348 Absatz 2 des Code civil).

Wenn dieser Wert über den Betrag der betroffenen Forderung hinausgeht, wird der Wertunterschied dem Schuldner bezahlt; Wenn andere Faustpfandgläubiger vorliegen, wird dieser Unterschiedsbetrag hinterlegt (Artikel 2348 Absatz 3 des Code civil).

Das Faustpfand darf nicht aufgeteilt werden, auch wenn die Forderung zwischen den Erben des Schuldners oder des Gläubigers vorgenommen werden kann (Artikel 2349 Absatz 1 des Code civlil).

Der Erbe des Schuldners, der seinen Anteil der Forderung bezahlt hat, kann seinen Anteil am Faustpfand nicht verlangen, solange die Forderung nicht vollständig beglichen worden ist (Artikel 2349 Absatz 2 des Code civil).

Gegenseitig kann der Erbe des Gläubigers, der seinen Anteil der Forderung erhalten hat, das Faustpfand zu Lasten der unbezahlten Miterben nicht in Frage stellen (Artikel 2349 Absatz 3 des Code civil).

Die Hinterlegung oder Trennung der Summen, Gegenstände oder Wertgegenstände zu Gunsten der Gläubiger, die als Garantie oder unter Vorbehalt gerichtlich entschieden wird, begründet eine spezielle Zuordnung und ein Vorzugsrecht im Sinne von Artikel 2333 (Artikel 2350 des Code civil).

### bb  Die „warrants"

Mit den „warrants" wird im Wirtschaftsbereich der Besitz an einem eingelagerten Gut in einem Titel verkörpert. Das ist im Landwirtschaftsbereich (warrant agricole), im Hotelwesen (warrant hôtelier), in der Industrie im Kriegsfall (warrant industriel) und beim Erdöl (warrant pétrolier) der Fall. Die „warrants" sind im Regelfall Gegenstände einer amtlichen Registrierung. Damit erhält der Gläubiger ein Folge-, Retentions- und Vorzugsrecht am betroffenen Gut für eine bestimmte Forderung.

**b  Das „cautionnement" (die Bürgschaft)**

Mit der Bürgschaft wird die Zahlung einer Schuld durch die Zahlung an eine Drittperson im Fall der Insolvenz des Schuldners gewährleistet. Diese Konstellation erfolgt häufig durch die Bürgschaft des Unternehmensleiters betreffend die Begleichung von Schulden seines Unternehmens im Notfall.

Die Bürgschaft kann auch mit einer Realsicherheit verbunden sein. Damit wird die Zahlung der Schuld an einen Dritten mittels einer Realsicherheit abgedeckt. Dies nennt man ein „cautionnement réel" als Mischform von Kreditsicherheit.

**c  Die Privilegien (privilèges)**

Das Privileg ist ein Anspruch des Gläubigers an einem Gut, aus diesem Gut im Vorrang bezahlt zu werden. Betrifft dies auch unbewegliche Sachen, dann ist das Privileg Gegenstand einer Veröffentlichung. Die Privilegien erfüllen eine Schutzfunktion.

Die Privilegien schützen beispielsweise den Fiskus, die Sozialversicherung, Immobilien-vermieter, Verkäufer, Frachtführer, Spediteure und andere Unternehmer.

**d  Das Retentions- oder Zurückbehaltungsrecht (droit de rétention)**

Das Retentionsrecht beruht auf der Fortsetzung der Sachherrschaft des Gläubigers über ein bestimmtes Gut, wenn der Schuldner zahlungsunfähig ist.

Folgende Personen können ein Retentionsrecht an einer Sache geltend machen (Artikel 2286 des Code civil):

1  Derjenige, dem die Sache bis zur Zahlung seiner Forderung übertragen worden ist;

2  Derjenige, dessen unerfüllte Forderung aus einem Vertrag herrührt, der ihn zur Lieferung dieser Sache verpflichtet;

3  Derjenige, dessen unerfüllte Forderung anlässlich des Gewahrsams der Sache entstanden ist;

4  Der Gläubiger des « gage sans dépossession ».

Das Retentionsrecht erlischt durch die freiwillige Entäußerung."

**e Der crédit-bail (Leasingvertrag)**

Der „crédit-bail" ist eine Mischform zwischen Darlehen und Miete. Damit vermietet der Eigentümer (crédit-bailleur) das Gut an einen Leasingnehmer (crédit-preneur), und zwar mit der Möglichkeit, dass der Leasingnehmer nach Ablauf einer bestimmten Frist das Volleigentum am Gut erhält. Der crédit-bail kann unter anderem Handelsgeschäfte betreffen.

Er kann auch das Verhältnis zwischen einem Verkäufer, einem Käufer und einem Kreditinstitut betreffen. Dann bezahlt der Schuldner dem Kreditinstitut regelmäßig die Leasingrate zum Erwerb des betroffenen Gutes. Seinerseits investiert das Kreditinstitut mit dem Erwerb des betroffenen Gutes.

Auf der Ebene der Unternehmen muss der „crédit-bail" amtlich veröffentlicht werden (Artikel L313-10 des Code monétaire et financier, Währungs- und Finanzgesetzbuch).

**f Die „location-vente"**

Die „location-vente" ist eine Mischung aus Mietvertrag und Verkaufsversprechen.

Das Verkaufsversprechen ist dem Verkauf gleich, wenn die Parteien miteinander die Kaufsache und den Kaufpreis vereinbart haben (Artikel 1589 Absatz 1 des Code civil).

Wenn dieses Versprechen auf parzellierte oder nicht parzellierte Grundstücke Anwendung findet, erfolgen die Annahme des Versprechens und die damit verbundenen Vereinbarungen mit der Bezahlung eines Teils des Kaufpreises, ungeachtet des Namens, den dieser Teilzahlung gegeben wird, und mit der Besitzübernahme am Grundstück (Artikel 1589 Absatz 2 des Code civil).

Das Datum des Vertrags ist das Datum der Zahlung der ersten Kaufrate, ungeachtet dessen, ob der Vertrag nachträglich rückwirkend regularisiert wird (Artikel 1589 Absatz 3 des Code civil).

**g Die „vente à réméré"**

Mit der „vente à réméré" nimmt der Verkäufer die verkaufte Sache mit einem Preiszuschlag zurück.

**h Die „fiducie" oder „aliénation fiduciaire" (Treuhandschaft)**

Mit der „fiducie" wird das Eigentum an einem Gut dem Gläubiger mit der Bedingung übertragen, dass der Gläubiger dem Schuldner das Eigentum wieder rückerstattet, wenn der Schuldner seinen Verpflichtungen aus dem zugrunde liegenden Schuldverhältnis nachkommt.

Es handelt sich um eine Kreditsicherheit, durch die eine oder mehrere Personen (constituants) einer oder mehreren Personen (fiduciaires) gegenwärtige oder künftige Güter, Rechte, Sicherheiten, oder eine Gesamtheit von gegenwärtigen oder künftigen Gütern, Rechten oder Sicherheiten übertragen. Die „fiduciaires" (Treuhänder) verwalten das übertragene Vermögen zugunsten von Drittpersonen.

Die fiduciaires sind im Regelfall Finanzinstitute, Versicherungsunternehmen, Portfolioverwaltungsgesellschaften bzw. Rechtsanwälte (Artikel 2015 Code civil), und in jedem Fall rechtlich befugte Fachleute.

Die fiducie unterliegt strengen Formvorschriften und muss zwingenden juristischen organisatorischen Auflagen nachkommen.

Die fiducie wird auch analog zu den zivilrechtlichen Vorschriften zum Eigentumsvorbehalt geregelt.

Nach Artikel 2372-1 Absatz 1 des Code civil kann das Eigentum an einer beweglichen Sache oder an einem Recht, als Garantie einer Schuld im Rahmen eines in Anwendung von Art. 2011 bis 2030 Code civil abgeschlossenen fiducie-Vertrages abgetreten werden.

Der Tod des constituant als natürliche Person setzt dem in Anwendung des entsprechenden Artikels des Code civils vereinbarten fiducie-Vertrag kein Ende (Artikel 2372-1 Absatz 3 des Code civil).

Wenn die fiducie als Garantie vereinbart wird, werden bestimmte Angaben im Vertrag pflichtig, sonst ist der Garantievertrag nichtig (Artikel 2372-2 des Code civil).

Sofern die gesicherte Forderung nicht beglichen wird und der fiducie-Vertrag nicht etwas Abweichendes bestimmt, erwirbt der Treuhänder, wenn er der Gläubiger ist, die freie Verfügung über das als Garantie abgetretene Gut oder Recht (Artikel 2372-3 Absatz 1 des Code civil).

Wenn der fiduciaire nicht der Gläubiger ist, kann er vom Gläubiger die Rückgabe des Gutes, über das dieser frei verfügen kann, oder, wenn der fiducie-Vertrag es vorsieht, den Verkauf des Gutes oder des abgetretenen Rechts und die Rückgabe des gesamten Preises oder eines Teils des Preises verlangen (Artikel 2372-3 Absatz 2 Code civil).

Der Wert des Gutes oder des abgetretenen Rechts wird durch einen Sachverständigen ermittelt, der gütlich oder gerichtlich ernannt wird, es sei denn, der Wert wird aus einer Notierung auf einem organisierten Markt im Sinne des Code monétaire et financier (Währungs- und Finanzgesetzbuch) ermittelt oder bei dem Gut handelt es sich um eine Geldsumme. Jede entgegenstehende Klausel ist nichtig (Artikel 2372-3 Absatz 3 des Code civil).

Wenn der Treuhändler keinen Erwerber zum vom Experten festgelegten Preis findet, darf er das Gut oder den Anspruch unter seiner eigenen Verantwortung zu einem Preis verkaufen, der seiner Meinung nach dem Wert des Guts oder des Anspruchs entspricht (Artikel 2372-3 Absatz 4 des Code civil).

Wenn der Bezieher der fiducie die freie Verfügung über das abgetretene Gut oder Recht im Rahmen von Artikel 2372-3 des Code civil erworben hat, entrichtet er dem constituant, wenn der im dritten Absatz von Artikel 2372-3 des Code civil erwähnte Wert den Betrag der garantierten Schuld überschreitet, die Geldsumme, die dem Unterschied zwischen diesem Wert und dem Betrag der Schuld entspricht, unter Vorbehalt der vorherigen Bezahlung der Schulden aus der Aufrechterhaltung oder aus der Verwaltung des Patrimoniums der fiducie, (Artikel 2372-4 Absatz 1 des Code civil). Unter dem gleichen Vorbehalt gibt der fiduciaire dem constituant den eventuellen Wertunterschied zurück, wenn der fiduciaire das abgetretene Gut oder Recht entsprechend dem fiducie-Vertrag verkauft (Art. 2372-4 des Code civil).

Das in Anwendung von Artikel 2372-1 abgetretene Eigentum kann nach Art. 2372-5 Abs. 1 Code civil für bewegliche körperliche Güter nachträglich zur Garantie von anderen Verbindlichkeiten als denjenigen, die im zugrunde liegenden Vertrag Erwähnung finden, dienen, wenn dieser Vertrag es ausdrücklich vorsieht (fiducie rechargeable).

Der constituant darf das abgetretene Eigentum als Garantie nicht nur dem ursprünglichen Gläubiger, sondern auch einem neuen Gläubiger schenken, es sei denn, der erste Gläubiger wurde nicht bezahlt;

Wenn der constituant eine natürliche Person ist, kann das Patrimonium der fiducie nur in der Grenze seines am Tage der Nachfüllung geschätzten Wertes eine neue Schuld garantieren (Artikel 2372-5 Absatz 2 des Code civil).

Eine nach Art. 2372-2 Code civil vereinbarte Nachfüllungsvereinbarung unterliegt der Eintragungspflicht von Artikel 2019 des Code civil, sonst ist sie nichtig. Das Datum der Eintragung bestimmt den Rang der Gläubiger (Artikel 2372-5 Absatz 3 des Code civil).

Die Vorschriften dieses Artikels sind d'ordre public und jegliche Klauseln dagegen sind nichtig („réputée non écrite") (Artikel 2372-5 Absatz 4 des Code civil).

### i   Die sûretés réelles immobilières (Kreditsicherheiten an Immobilien)

Nach Artikel 2375 Absatz 1 des Code civil sind die sûretés réelles immobilières (Kreditsicherheiten an Immobilien) die Priviligien (privilèges), das Immobilienfaustpfand (gage immobilier), und die Hypotheken (hypothèques).

Die Hypothek (hypothèque) ist ein untrennbares dingliches Recht an Immobilien – einschließlich der Akzessorien dieser Immobilien – zur Abdeckung eines Pflichtverhältnisses. Es kann durch Vertrag, vor Gericht oder aufgrund eines speziellen Gesetzes entstehen. Es bestehen diverse Arten von Hypotheken für eine Vielfalt von Immobilien jeglicher Art. Wenn das betroffene unbewegliche Gut übertragen wird, ist von einem „gage immobilier" die Rede: Der „gage immobilier" unterliegt den meisten Vorschriften der Hypothek. Die Privilegien (privilèges) an Immobilien werden gesetzlich vorgeschrieben (Artikel 2376 des Code civil). Immobilien können Gegenstände eines Eigentumsvorbehalts (réserve de propriété) oder einer Forderungsabtretung sein (Artikel 2375 Absatz 2 des Code civil).

**j   Der unmittelbare Anspruch (action directe)**

Die „action directe" betrifft den Fall, dass ein Unternehmer in eigener Verantwortung einem Subunternehmer die vollständige oder teilweise Ausführung eines Werkvertrages oder eines öffentlichen Auftrags überträgt, den dieser Unternehmer mit dem Bauherrn abgeschlossen hat (Gesetz Nr. 75-1334 vom 31. Dezember 1975). Dann verfügt der Subunternehmer, der innerhalb eines Monates nach einer schriftlichen Abmahnung vom Hauptunternehmer nicht bezahlt wird, über einen Zahlungsanspruch gegen den ursprünglichen Kunden.

Wenn der Auftrag zugunsten einer verwaltungsrechtlichen Organisation erfüllt wird, dann ersetzt der Begriff „paiement direct" (unmittelbare Zahlung) das Konzept der „action directe": Die unmittelbare Zahlung darf dann nicht stattfinden, wenn die Aufträge einen bestimmten Wert nicht überschreiten.

Im Transportrecht besteht eine Sonderform der „action directe". Nach Artikel L132-8 des Code de commerce verfügt der Unterfrachtführer über einen unmittelbaren Anspruch („action directe") gegen denjenigen, der von der Transportleistung profitiert, sei es der Bauherr, der Absender oder der Empfänger. Nach Artikel L3224-1 des Code des transports muss der Auftraggeber im Regelfall ein Spediteur sein.

# IV  Verfahrensrechtliche Aspekte

Im Falle von rechtlichen Streitigkeiten bestehen für Kaufleute Sondergerichte. Die Mediation gewinnt in diesem Bereich an Bedeutung, insbesondere durch die Umsetzung der Mediationsrichtlinie. Die Schiedsgerichtsbarkeit, die streng geregelt ist, ist eine sehr traditionelle Art der Konfliktlösung in diesem Kontext.

## A Grundzüge des handelsrechtlichen Gerichtsverfahrens

Die Gerichte der Kaufleute sind ins klassische Gerichtsverfahren eingegliedert. Im französischen Handelsrecht ist das erstinstanzliche Gerichtsverfahren Sache des Tribunal de commerce. Die Entscheidungen des Tribunal de commerce können Gegenstand eines Berufungsverfahrens vor einer entsprechenden Abteilung des territorial zuständigen Berufungsgerichts (Cour d'appel) sein. Erstinstanzlich und vor der Cour d'appel wird über die Sachverhalte und über das anwendbare Recht entschieden. Als Kassationshof entscheidet die chambre commerciale (Handelsabteilung) der Cour de cassation über juristische Fragen, und zwar mit der Möglichkeit des Verweises auf eine Cour d'appel mit anderen Richtern, wenn die Cour de cassation den Bedarf einer Neubeurteilung hinsichtlich der Kombination von Sachverhalten und Rechtsfragen anerkennt. In Sonderfallen wird das Verfahren speziell geregelt, wie zum Bereich in bestimmten Angelegenheiten des Patentrechts, wobei die Cour d'appel de Paris und das Tribunal judiciaire de Paris alleinige Kompetenzen haben.

## B  Die Mediation

### 1  Das Prozedere der Umsetzung der Mediationsrichtlinie im französischen Recht

Die Richtlinie 2008/52/EG des Europäischen Parlaments und des Rates vom 21. Mai 2008 über bestimmte Aspekte der Mediation in Zivil- und Handelssachen schafft es, „den Zugang zur alternativen Streitbeilegung zu erleichtern und die gütliche Beilegung von Streitigkeiten zu fördern, indem zur Nutzung der Mediation angehalten und für ein ausgewogenes Verhältnis zwischen Mediation und Gerichtsverfahren gesorgt wird" Sie musste am 21. Mai 2011 umgesetzt werden. In Frankreich hat deren Umsetzung ein bisschen mehr Zeit in Anspruch genommen.

### a Die Vorentwürfe

Die Umsetzung der Mediationsrichtlinie begann mit einem Vorentwurf, über den die Regierung die Interessenten um Ihre Schätzungen und Vorschläge gebeten hatte. Nach diesem Vorentwurf konnte Kapitel 1 Titel II des Gesetzes vom 8. Februar 1995 wie folgt verändert werden:

„Artikel 20-1: Die Mediation ist ein strukturiertes Verfahren zur friedlichen Lösung der Streitigkeiten individueller Art, mit dem die Parteien versuchen, zu einer Vereinbarung zu kommen.

Dieses Verfahren wird nach bestem Gewissen von einem kompetenten und neutralen Dritten geführt, der als Mediator mit dieser Tätigkeit von den Parteien oder vom zuständigen Richter im Einklang mit dem Willen der Parteien beauftragt wird.

Der von einem gerichtlichen Beauftragten geführte Vergleich entspricht den Voraussetzungen der zwei letzten Absätze und unterliegt den folgenden Vorschriften.

Artikel 20-2: Die Mediation und der Vergleich unterliegen unter Vorbehalt einer gegensätzlichen Vereinbarung der Parteien und der Ausnahmefälle dem Geheimnisgrundsatz.

Der Vermittler und der Mediator unterliegen der Geheimhaltungspflicht gegenüber Dritten.

Die Feststellungen und Informationen, die der Mediator oder der Vermittler sammeln, können nur mit der Einwilligung der Parteien vor Gericht geltend gemacht werden.

Diesbezüglich gibt es zwei Ausnahmefälle:

a) schwerwiegende Gründe von öffentlichem Interesse, Schutz der Interessen des Kindes oder Schutz der körperlichen oder psychischen Integrität der Person;
b) die Offenlegung des Inhalts der Vereinbarung der Mediation ist erforderlich, um diese Vereinbarung zu verwirklichen bzw. auszuführen.

Außerdem informiert der vom Richter bestellte Vermittler (conciliateur de justice) oder Mediator diesen Richter darüber, ob die Parteien zu einer Vereinbarung gekommen sind.

Artikel 20-3: Die Vereinbarung der Parteien kann der Ratifikation des Richters unterliegen, der ihr die Wirkungskraft verleiht.

Diese Vorschriften gelten nicht für das Strafverfahren.

Artikel 2: die Vereinbarungen, die von den zivilen oder verwaltungsrechtlichen Gerichten ratifiziert werden, besitzen Wirkungskraft"

Gemäß dem Gesetzentwurf vom 22. September 2010 durfte die Regierung bei der Umsetzung der Mediationsrichtlinie auch die inneren Rechtsvorschriften dementsprechend verändern.

Es wurde mit dem Vorentwurf von décret zur gütlichen Lösung der Streitigkeiten vorgeschlagen, das Zivilverfahrensgesetzbuch u. a. mit Artikel 1528 zu verändern, der wie folgt lautet: „ Die Parteien einer Streitigkeit ohne Eröffnung eines gerichtlichen Verfahren können in den Voraussetzungen des vorliegenden Buchs versuchen, die Streitigkeit mit der Hilfe eines gerichtlichen Vermittlers, eines Mediatoren oder eines Rechtsanwalts gütlich zu lösen.

Wenn ein Vergleich ohne die Unterstützung dieser Fachleute erfolgt kann der zuständige Richter von jeglicher Partei oder von der Gesamtheit der Parteien mit der Ratifizierung des Vergleichs beauftragt werden, damit dieser Vergleich die Wirkungskraft erlangt".

Mit einem neuen Artikel 1536 konnte der Mediator eine natürliche oder juristische Person sein.

Beim Mediator wurde erwartet, dass keine Eintragung in seinem Führungszeugnis liegt und dass er eine entsprechende Expertise durch Ausbildung oder Berufsverfahren nachweist (Artikel 1537).

Zur gerichtlichen Ratifizierung der Mediationsvereinbarung wurde die Einwilligung der gesamten Parteien verlangt (Artikel 1538). Nach einer Veränderung des Code du travail (Arbeitsgesetzbuch) musste ein bureau de conciliation (Güteverhandlungsbüro) die Vereinbarung der Mediation oder des Vergleichs außerhalb jeglichen gerichtlichen Verfahrens (Arbeitsrecht) ratifizieren.

**b    Die Vorschläge vom Conseil d'Etat**

Zur Umsetzung der Mediationsrichtlinie erfolgten mehrere Vorschläge. Der Conseil d'Etat als höchstes Gericht im Bereich des Verwaltungsrechts wurde vom Premierminister mit der Analyse der Bedingungen zur Umsetzung der Mediationsrichtlinie beauftragt. Diese Institution hat folgende Anregungen gemacht:

Man müsse zum Schutz des ordre public, des Kindes, der körperlichen oder seelischen Integrität eines Menschen auf die Vertraulichkeit verzichten, wenn die Nichtvertraulichkeit zur Ausführung der Vereinbarung nach dem Mediationsverfahren erforderlich ist.

Betreffend die vertragliche Mediation müsse man die Mediation und den Mediatoren definieren; die Vertraulichkeit sicherstellen; die Möglichkeit erlauben, dass die vertragliche Vereinbarung aus der Mediation wie ein Urteil wirkt; den Code de procédure civile (Zivilverfahrensgesetzbuch) verändern, in dem der Mediator ein neutraler, kompetenter, gutgläubiger und unabhängiger Dritter ist. Die Vereinbarung aus der Mediation könne amtlich bestätigt werden. In der Vereinbarung im Hinblick auf die Mediation müsse die Zustimmung der Parteien erwähnt werden, den Mediatoren und die Dauer des Auftrags müssen präzisiert werden.

In nicht zu wichtigen verwaltungsrechtlichen Streitigkeiten (vor den verwaltungsrechtlichen Gerichten) dürfen die Verwaltungsgerichte mit Zustimmung der Parteien und der Verwaltung eine Mediation anordnen. Im Gegensatz zur Richtlinie sei es nicht gut, dass das Verwaltungsgericht jederzeit das Mediationsverfahren durchbrechen kann.

Der Conseil d'Etat äußerte sich gegen die staatliche Kontrolle durch ein Zulassungsverfahren der Mediatoren und gegen die Zuständigkeitskontrolle durch ein Privatinstitut, weil dieses Verfahrens zu unflexibel ist und weil die finanzielle Unabhängigkeit dieses Privatinstituts schwer zu gewährleisten ist.

Die Kontrolle der internationalen Mediation müsse nicht strenger sein als die der nationalen Mediation.

Der Mediator müsse entweder eingetragen werden oder freiwillig an genehmigten Mediationsvereinen teilnehmen, obwohl die letzte Lösung besser scheint ist ein Wettbewerb zwischen den Vereinen zu befürchten.

Betreffend die Bildung der Mediatoren sei eine Mindestbildung erforderlich, es sei denn, der Bewerber hat eine besondere Berufserfahrung. Ein flexibles Zulassungsverfahren für die Mediationsschulen mit einer amtlichen Genehmigung vom Justizminister ist zu befürworten. Da die Mediation auch international ist muss die Wirksamkeit der Vereinbarung aus dem Mediationsverfahren nicht von der Qualität der Bildung des Mediatoren abhängen.

**c   Die Vorschläge der Handelskammer von Paris**

Auch die Chambre de commerce et d'industrie de Paris (Handelskammer von Paris) hat sich ausgedrückt. Die Pariser Handelskammer hat den Centre de médiation et d'arbitrage de Paris (Pariser Zentrum der Mediation und der Schiedsverfahren) und die Charte de la médiation inter-entreprises (Charta für die Mediation zwischen Unternehmen) mitgegründet. Deshalb analysierte sie den Bericht vom Conseil d'Etat und sie machte dann zehn folgende Vorschläge:

1. Sie befürwortet die Einführung in einen Gesetztext der Grundsätze der Mediation, wie zum Beispiel die Vertraulichkeit;
2. die Mediation muss ihre vertragliche Natur behalten, deshalb muss die Regelung nicht zu detailliert sein;
3. die Mediationsrichtlinie muss im Rahmen der Umsetzung auch die nationale Mediation betreffen;
4. die nicht zu wichtigen verwaltungsrechtlichen Streitigkeiten müssen auch betroffen sein;
5. man muss den Mediatoren als Lösungsvereinfacher definieren;

6. man muss nicht nur die individuelle Mediation behandeln, sondern auch die kollektive Mediation: Es ist der Sinn und Zweck der heutigen europäischen Initiativen;
7. die Mediation muss kein regulierter Beruf (wie Ärzte und Rechtsanwälte zum Beispiel) sein;
8. man muss auf die Erstausbildung und auf die Weiterbildung der Mediatoren achten, ohne durch Gesetz dieses Vorhaben zu verwirklichen, damit die Mediatoren nicht professionalisiert werden;
9. man muss die Möglichkeit haben, dass die Parteien die urteilsgleiche Wirkung der Vereinbarung aus der Mediation beantragen; dabei muss auf Artikel 2044 Code civil geachtet werden (Artikel über die Definition des Vergleichs);
10. Wird eine Vereinbarung aus der Mediation in einem anderen Mitgliedstaat als urteilsgleich gemacht muss eine Partei ihre Anerkennung auf dem nationalen Gebiet erlangen können.

**d   Die Vorschläge der Chambre Professionnelle de la Médiation et de la Négociation**

Auch die zehn Vorschläge der Chambre Professionnelle de la Médiation et de la Négociation (eine Mediatorengewerkschaft) zur Umsetzung der Mediationsrichtlinie sind relevant:

- die Mediation muss vor jeglichem Gerichtsverfahren pflichtig sein oder bei allen Verträgen befürwortet sein;
- die Mediation muss als eine Erstreckung der Vertrags- und Sozialfreiheit (liberté contractuelle et relationnelle) erfasst werden;
- die Definition der Mediation muss deutlich und im Vergleich mit der Schiedsgerichtsbarkeit, der Verhandlung, der Rügen von Verbrauchern und der Schlichtung differenziert sein;
- die rechtlichen Hürden (wie zum Beispiel das Béteille Gesetz, Gesetz Nr. 2010-1609 vom 22. Dezember 2010: Dieses Gesetz gründet ein Verhandlungsverfahren (convention de procédure participative, Teilnahmeverfahren), bei der die Parteien mit einem Rechtsanwalt begleitet wird, um die Streitigkeiten freundlich zum lösen, wenn es nicht um den Familienstand geht) gegen die Mediation müssen aufgehoben werden;
- man muss in den Schulen, Gymnasien, Hochschulen und Universitäten sowie in den Gefängnissen und Reinsertionsstrukturen die Mediation lernen;
- man muss eine Commission Nationale de la Mediation (nationales Mediationskomitee) gründen. Sie muss folgende Aufträge haben:
- die Mediation zur Lösung der Konflikte in der Gesellschaft verbreiten;

- die Organisationen dazu ermutigen, die Mediation zu benutzen;

- die Mediation vor und nach den zivilrechtlichen und strafrechtlichen Gerichtsverfahren befürworten;

- die Forschungsarbeit zur Beobachtung der Mediation in Frankreich und im Ausland und über die Rechtsharmonisierung (wie den Code de la médiation) für die Mediation begleiten;

- für die Gesetzgebung ein Impuls sein, um die Unabhängigkeit, die Neutralität und die Objektivität der Mediatoren zu fördern;

- diese Commission könnte zumindest fünf jährige Lehrinstitute der Mediation, Mediatorengewerkschaften seitens der Arbeitnehmer und der Arbeitgeber, Mediationsvereine mit einem unabhängigen Verwaltungsrat, Vertreter der französischen Bürgermeister (association des maires de France), Krankenhausmediatoren in der Form einer speziellen Gruppe (commion de la médiation hospitalière), gewählte Politiker und Ministervertreter einbeziehen;

- Betreffend die Art der Ausübung der Mediation muss man die schon vorliegenden detaillierten Gesetztexte benutzen, und nicht die minimalistischen Texte;

- man muss klarmachen, dass der Mediator absolut unabhängig, neutral und den Parteien gegenüber objektiv ist;

- das Staatsdiplom von Médiateur Familial (Familienmediator) muss man abschaffen;

- man muss die Bildung der Mediatoren dynamisch machen.

**e  Die tatsächliche Umsetzung der Mediationsrichlinie**

Die Mediationsrichtlinie wird von zwei Texten umgesetzt.

*aa  Der erste Schritt mit der ordonnance vom 16. November 2011*

Die Umsetzung der Mediationsrichtlinie erfolgt in Frankreich zuerst mit der ordonnance n° 2011-1540 vom 16. Novembre 2011. Anlässlich dieser ordonnance harmonisiert die Regierung mit der Genehmigung des Parlaments andere Bereiche als die der Mediation, unter anderem im Rahmen des Vergleichs (transaction). Es wurde entschieden, dass die Umsetzung der Mediationsrichtlinie nicht nur grenzüberschreitende Mediationen betrifft, sondern auch innerstaatliche Mediationen umfasst. Zwar ist die Mediation im innerstaatlichen Recht bereits geregelt worden, jedoch betrifft die Umsetzung den Anwendungsbereich der Mediationsrichtlinie und sogar die vertragliche Mediation. Damit wird Kapitel 1 vom Titel 1 über die conciliation (eine besondere Art der Güteverhandlung) und die gerichtliche Mediation des Gesetzes vom 8. Februar 1995 verändert. Nun heißt der Kapitel 1 «die Mediation».

54

In diesem Kapitel findet man allgemeine Vorschriften für jegliche Formen der Mediation im Sinne der Richtlinie. Dies verweist im innerstaatlichen Recht auf jegliche conciliation, außerhalb des Falls der gerichtlichen Mediation des Richters zur Lösung einer Streitigkeit. Im neuen Artikel 21 dieses Gesetzes wird die Mediation als jegliches strukturiertes Verfahren definiert, mit dem zwei oder mehrere Parteien versuchen, zur friedlichen Lösung ihrer Streitigkeiten mit der Hilfe eines Drittens, der Mediator, den die Parteien oder der Richter mit ihrer Genehmigung einberufen, zu einer Vereinbarung zu kommen : „tout processus structuré, quelle qu'en soit la dénomination, par lequel deux ou plusieurs parties tentent de parvenir à un accord en vue de la résolution amiable de leurs différends, avec l'aide d'un tiers, le médiateur, choisi par elles ou désigné, avec leur accord, par le juge saisi du litige". Es ist von einem strukturierten Verfahren die Rede, indem die Parteien im Einklang mit dem Mediatoren die Art der Mediation freilich vertraglich bestimmen und der Mediator an der Strukturierung des Verfahrens teilnimmt. Dieser allgemeine Rahmen schließt die bestehenden bzw. künftigen Mediationsarten nicht aus, wie zu Beispiel die Familienmediation der Artikel 255 und 373-2-10 des Code civil. Die speziellen Vorschriften können auch die Bezeichnung als Mediator einbeziehen. Der Mediator muss kompetent und unparteilich sein (Artikel 21-2). Es wurde von der Regierung gewählt, den Begriff von Unparteilichkeit statt des Begriffs der Unabhängigkeit zu benutzen, um zu unterzeichnen, dass der Mediator nicht unbedingt im Rahmen einer organisierten Organisation die Mediation ausüben muss. Dem Mediatoren obliegt eine obligation de moyens, das heißt die Pflicht, alles zu unternehmen, damit die Mediation erfolgreich abläuft. Der Grundsatz der Vertraulichkeit für alle Teilnehmer an der Mediation wird anerkannt; Sie betrifft die Erklärungen und Feststellungen, die im Rahmen der Mediation stattfinden; Die muss man weder den Dritten mitteilen noch im Rahmen eines Gerichts- oder Schiedsverfahrens entschleiern. Der Grundsatz des Zugangs zum Gericht bleibt unberührt. Die Ausnahmen zum Vertraulichkeitsprinzip in der Richtlinie werden mit dem Vorbehalt wiedergenommen, dass der Inhalt der Vereinbarung aus der Mediation zur Verwirklichung oder zum Erfüllen dieser Vereinbarung verbreitet werden kann. Dies betrifft auch insbesondere den Fall, dass die Vereinbarung aus der Mediation mündlich stattgefunden hat. Was die gerichtliche Mediation anbetrifft informiert der vom Richter bestellte Mediator diesen Richter über den Erfolg oder das Scheitern der Mediation, ohne die Gründe des Erfolges oder des Scheiterns zu entschleiern, weil diese Informationen vertraulich sind. Die Mediation muss keine Rechte berühren, über die die Parteien nicht freilich verfügen. Zur Verwirklichung der Vereinbarungen aus der Mediation erfolgt die „homologation" (Ratifizierung) durch den Richter, der dazu prüfen muss, ob die Vereinbarung den ordre public einhält.

In der 2. Abteilung wird die gerichtliche Mediation geregelt. Damit kann der Richter jederzeit einen Mediatoren bestellen, der auch ein conciliateur de justice (gerichtlicher Güteverhandler) sein kann. Es betrifft keinesfalls Scheidungs- und Ehetrennungsangelegenheiten.

Außerhalb dieses Rahmen darf der Richter, der die Zustimmung der Parteien über die Mediation nicht trifft, diesen Parteien vorschlagen, einen Mediatoren zu treffen, um das Ziel und den Verlauf der Mediation kennen zu lernen. Dieser Mediator kann conciliateur de justice sein. Die Mediationskosten werden gesetzlich geregelt. Es wird präzisiert, dass die Vorschriften des 1. Kapitels auf strafrechtliche Verfahren keine Anwendung finden. Was die arbeitsrechtlichen Streitigkeiten betrifft werden nur grenzüberschreitende Fälle von der Umsetzung der Richtlinie über vertragliche Mediationen betroffen, um die innerstaatliche vorgerichtliche arbeitsrechtliche conciliation nicht zu beeinträchtigen. Die Mediationsrichtlinie wird auch im Bereich des Verwaltungsrechts umgesetzt, indem das Verwaltungsjustizgesetzbuch (code de justice administrative) mit einem Titel VII im Buch VII verändert wird. Damit wird festgesetzt, dass der Mediator ein unparteilicher, kompetenter und vertraulicher Dritter ist, der von den Parteien oder vom einberufenen Richter bestellt wird. In diesem Rahmen wird auf die Vertraulichkeitspflicht insistiert. Hier wird diese Mediationsregelung lediglich auf grenzüberschreitende Streitigkeiten beschränkt. Nur bestimmte Verwaltungsrechtsverfahren sind betroffen. Wenn Ansprüche der öffentlichen Gewalt betroffen sind, greift die ordonnance zur Umsetzung der Mediationsrichtlinie nicht durch. Wenn der Verwaltungsrichter bereits die Streitigkeit behandelt hat, darf er mit der Genehmigung der Parteien eine Verwaltungsmediation auch im Bereich der Ansprüche der öffentlichen Gewalt organisieren. Der Richter der verwaltungsrechtlichen Mediation kann die Vereinbarung aus der Mediation amtlich anerkennen, damit sie verwirklicht wird. Besondere Vorschriften berühren die Verjährung.

Artikel 3 des Gesetzes n° 91-650 vom 9. Juli 1991 über die Reform der bürgerlichen Vollstreckungsverfahren wird auch verändert. Damit wird den von der Gerichtsbarkeit als vollstreckbar erklärten Vereinbarungen die Qualität als vollstreckbare Titel (titres exécutoires) verleiht, damit der Gläubiger die Zwangsvollstreckung für seine Forderung über die Güter seines Schuldners beantragen darf. Die ehemalige Fassung von Artikel 3 des Gesetzes n° 91-650 sah bereits eine solche Regelung für die Vergleichsvereinbarungen vor, wie Artikel 9 vom (décret) vom 2. März 1978 über die conciliateurs de justice. Mit der vorliegenden Reform wird dann das Mediationsrecht harmonisiert.

In Anlehnung an der Mediationsrichtlinie wird vorgesehen, dass Vereinbarungen aus einer Mediation, die zwischen dem 21. Mai 2011 als Stichtag der Umsetzung der Richtlinie und dem Inkrafttreten der ordonnance zur Umsetzung der Mediationsrichtlinie eingeführt worden sind, in Anbetracht der Vorschriften der vorliegenden ordonnance Gegenstand einer homologation sein können.

*bb Der zweite Schritt mit dem décret n° 2012-66 vom 20. Januar 2012 zur gütlichen Lösung der Streitigkeiten*

Mit dem décret n° 2012-66 von 20. Januar 2012 zur gütlichen Lösung der Streitigkeiten erfolgt weiterhin zur Anwendung der ordonnance n° 2011-1540 vom 16. November 2011 die Umsetzung der Mediationsrichtlinie. Damit wird unter anderem das Zivilverfahrensgesetzbuch verändert.

Zu diesem Gesetzbuch wird ein fünftes Buch über die gütliche Lösung von Streitigkeiten hinzugeführt. Es betrifft nicht nur die Mediation, sondern auch die gerichtliche Güteverhandlung und das Teilnahmeverfahren (procédure participative). Für die Mediation ist ein Mediator zuständig, für die gerichtliche Güteverhandlung ist der conciliateur de justice zuständig und die Rechtsanwälte sind für das Teilnahmeverfahren zuständig (Artikel 1528 des Zivilverfahrensgesetzbuchs).

Nach Artikel 1530 des Zivilverfahrensgesetzbuchs werden die vertragliche Mediation (médiation conventionnelle) und die vertragliche Güteverhandlung (conciliation conventionnelle) auf gleicher Ebene behandelt. Der Vertraulichkeitsgrundsatz wird eingehalten (Artikel 1531 des Zivilverfahrensgesetzbuchs). Der Mediator kann eine natürliche Person oder eine juristische Person sein (Artikel 1532 des Zivilverfahrensgesetzbuchs) und muss kompetent und gutgläubig sein (Artikel 1533 des Zivilverfahrensgesetzbuchs).

Eine Vereinbarung aus der Mediation, die von einem innengemeinschaftlichen Gericht oder von einem innengemeinschaftlichen Gericht als vollstreckbar anerkannt wird, kann in Frankreich anerkannt und vollstreckbar erklärt werden (Artikel 1535 des Zivilverfahrensgesetzbuchs).

Was die procédure participative (Teilnahmeverfahren) anbelangt kann dieses Verfahren in einer homologation der getroffenen Vereinbarung münden. Das Zivilverfahrensgesetzbuch sieht unterschiedliche Verfahren vor, je nachdem, ob die Parteien vollständig, gar nicht oder nur teilweise zu einer Versöhnung gekommen sind.

Die gerichtliche homologation betrifft sowohl die Mediation als auch die Güteverhandlung und das Teilnahmeverfahren. Der Richter, der normalerweise für den betroffenen Fall zuständig ist, ist für die homologation der getroffenen Vereinbarung zuständig (Artikel 1565 des Zivilverfahrensgesetzbuchs). Gegen seine Entscheidung über die homologation kann Berufung eingelegt werden (Artikel 1566 des Zivilverfahrensgesetzbuchs). Dieses Prozedere mit der homologation betrifft auch den Vergleich (Artikel 1567 des Zivilverfahrensgesetzbuchs).

Besondere Vorschriften regeln die Prozesskostenhilfe (aide juridictionnelle) beim Teilnahmeverfahren.

## C Das Schiedsgerichtsverfahren

Der Code de procédure civile als verfahrensrechtliches Gesetzbuch regelt sowohl das innere als auch das internationale Schiedsverfahren des französischen Rechts, und zwar gemäß Artikel 1442 bis 1503. Er sieht zwangsläufig verfahrensrechtliche Vorschriften vor. Die Schiedsgerichtsklausel ist nicht nur unbedingt schriftlich, sondern sie unterliegt strengen Verfahrensregeln. Insbesondere erstrecken sich die strengeren Vorschriften des Code de procédure civile auf die Exequatur des Schiedsurteils sowie auf die Gestaltung der Klageerhebung gegen die Schiedsgerichtsentscheidung (Berufung, Klage auf Nichtigkeitserklärung), gegen die Entscheidung auf die Exequatur, die Möglichkeiten der tierce opposition (Drittwiderspruch) sowie den recours en révision (Revisionsverfahren). Artikel 1504 bis 1527 des Code de procédure civile behandeln das internationale Schiedsverfahren nach französischem Recht. Auf internationaler Ebene spielen internationale Abkommen wie das Übereinkommen über die internationale Handelsschiedsgerichtsbarkeit vom 21. April 1961 und das New Yorker Übereinkommen über die Anerkennung und Vollstreckung ausländischer Schiedssprüche vom 10. Juni 1958 eine bedeutsame Rolle.

## D Die Verjährung

Artikel L110-4 Absatz I des Code de commerce sieht vor, dass die Klageverjährungsfrist für handelsrechtliche Streitigkeiten sowie für handelsrechtliche Verfahren zwischen Kaufleuten und Nichtkaufleuten im Regelfall fünf Jahre beträgt, soweit gesetzliche Sonderregelungen davon nicht abweichen. In der Tat bestehen mehrere Handelsvorschriften, die in bestimmten Bereichen Sonderverjährungsfristen vorschreiben. Bestimmte Klagen auf Zahlung unterliegen einer einjährigen Sonderverjährungsfrist (Artikel L110-4 Absatz II des Code de commerce):

- es gibt eine einjährige Verjährungsfrist ab der Lieferung betreffend die Versorgung der Seemänner mit Nahrungsmitteln auf Verlangen des Kapitäns;
- die einjährige Verjährungsfrist gilt auch für die Versorgung mit Materialien und Gegenständen zum Zwecke von Bauarbeiten und Ausrüstungen von Schiffen, und zwar ab der Versorgung;
- für Werke läuft die einjährige Verjährung ab dem Empfang dieser Werke.

# Wortschatz

Abus de biens sociaux: Unterschlagung

Accord amiable, transaction: Vergleich

Acte de commerce: Handelsgeschäft

Acte notarié: notarielle Urkunde

Action directe: unmittelbarer Anspruch

Actions: Aktien

Administrateur judiciaire: gerichtlicher Verwalter

Aide juridictionnelle: Prozesskostenhilfe

Alinéa: Absatz

Amende: Geldbuße

Appel: Berufung

Apport: übernommene Einlage

Arbeitnehmervertreter: représentant des salariés

Arbitrage commercial: Handelsschiedsgerichtsbarkeit

Arbitrage: Schiedsgerichtsbarkeit

Argiculteur: Landwirt

Article: Artikel

Artisan: Handwerker

Assemblée générale extraordinaire: außerordentliche Gesellschaftsversammlung

Assemblée générale ordinaire: ordentliche Gesellschafterversammlung

Association: Verein

Bail: Vermietung

Besitzlosen Faustpfandvereinbarungen: gage sans dépossession

bien vendu: Kaufsache

Biens fongibles: Gattungssachen

Biens immobiliers, immeubles: Immobilien

Biens meubles: unbewegliche Sachen

Bilan économique, social et environnemental: Wirtschafts-, Sozial- und Umweltbilanz

Brevet: Patent

Bureau de conciliation et d'orientation: Güteverhandlungsbüro

Capitaine: Kapitän

Capital social: Gesellschaftsvermögen

Cassation: Kassation

Cautionnement: Bürgschaft

Cessation des paiements: eine gewisse Schwelle der Zahlungsunfähigkeit

Cession: Abtretung

Chambre commerciale de la Cour de cassation: Handelsabteilung der Cour de cassation

Clause d'arbitrage, clause compromissoire: Schiedsklausel

Code civil: Zivilgesetzbuch

Code de commerce: Handelsgesetzbuch

Code de justice administrative: Verwaltungsjustizgesetzbuch

Code de l'artisanat: Handwerksgesetzbuch

Code de la propriété intellectuelle: Gesetzbuch über das geistige Eigentum

Code de procédure civile: Zivilverfahrensgesetzbuch

Code de transports: Transportgesetzbuch

Code du travail: Arbeitsgesetzbuch

Code du travail: Arbeitsgesetzbuch

Code monétaire et financier: Währungs- und Finanzgesetzbuch

Code rural et de la pêche maritime: Seefischerei- und Lanwirtschaftsgesetzbuch

Comité d'entreprise: Betriebsrat

Comité d'entreprise: Betriebsrat

Comité de créanciers: Gläubigergremium

60

Commanditaire: Kommanditär

Commandité: Kommanditist

Commerçants: Kaufleute

Commercial: kommerziell

Commissaire aux comptes: befugter Wirtschaftsprüfer

Commissaire-priseur judiciaire: gerichtlicher Auktionator

Commission de transport: Spedition

Commissionnaire de transport: Spediteur

Communauté de biens: Gütergemeinschaft

Communication de comptes infidèles: Vermittlung von untreuen rechnerischen Angaben über die Gesellschaft

Comptabilité: Buchführung

Conciliateur de justice: gerichtlicher Güteverhandler

Conciliateur: Schlichter

Conciliation conventionnelle: vertragliche Güteverhandlung

Conciliation: Güteverhandlung

Condition suspensive: aufschiebende Bedingung

Confidentialité: Vertraulichkeit

Conjoint associé: assoziierter Ehegatte

Conjoint collaborateur: Ehegatte als Mitarbeiter

Conjoint salarié: belohnter Ehegatte

Conseil constitutionnel: Verfassungsrat

Conseil d'administration: Verwaltungsrat

Conseil de surveillance: Aufsichtsrat

Consensualisme: Konsensualismus, Konsensgrundsatz

Consignation: Hinterlegung

Consommateur: Verbraucher

Constitutionnel: verfassungsrechtlich

Contrat d'entreprise: Werkvertrag

Contrat de bail: Mietvertrag

Contrat: Vertrag

Côtées en bourse: an der Börse notiert

Cour d'appel: Berufungsgericht

Cour de cassation: Kassationshof

Cour de cassation: Kassationshof

Créance: Forderung

Créancier gagiste: Faustpfandgläubiger

Créancier: Gläubige

Crédit: Darlehen

Crédit-bail: Leasingvertrag

Crédit-bailleur: Leasinggeber

Crédit-preneur: Leasingnehmer

De bonne foi: gutgläubig

De mauvaise foi: bösgläubig

De première instance: erstinstanzlich

Débiteur: Schuldner

Déclaration des droits de l'homme et du citoyen: Erklärung der Menschen- und Bürgerrechte

Délai de prescription de l'action en justice: Klageverjährungsfrist

Délai de prescription spécial: Sonderverjährungsfrist

Délégation de pouvoir: Machtübermittlung

Délit d'initié: Insiderhandel

Dénomination sociale: Gesellschaftsname

Destinataire: Empfänger

Dettes sociales: Gesellschaftsschulden

Directive européenne: EU Richtlinie

Directive médiation: Mediationsrichtlinie

Directoire: Führung

Dirigeant d'entreprise: Geschäftsführer

Distribution de dividendes fictifs: Verteilung von fiktiven Dividenden

Dommages et intérêts: Schadenersatz

Droit administratif: Verwaltungsrecht

Droit de préférence: Vorzugsrecht

Droit de rétention: Retentionsrecht

Droit de revendication: Rückforderungsrecht

Droit de vote: Stimmrecht

Droit de vote: Wahlrecht

Droit des sociétés: Gesellschaftsrecht

Droit du travail: Arbeitsrecht

Droit pénal: Strafrecht

Droit procédural: Verfahrensrecht

Droit réel: dingliches Recht

EEE: EWR

Entrepreneur: Unternehmer

Entreprise unipersonnelle à responsabilité limitée, EURL: individuelles Unternehmen mit begrenzter Haftung

Entreprise: Unternehmen

Etablissement de crédit: Kreditinstitut

Établissement public industriel ou commercial: öffentliche Einrichtung industrieller oder kommerzieller Art

Établissement: Niederlassung

Exécution: Vollstreckung

Expéditeur: Absender

Expert: Sachverständiger

Extrajudiciaire: außergerichtlich

Fonds de commerce: Geschäftsbetrieb

Fonds libéral: zivile Kundschaft

Forme notariée: notarielle Form

Fruits: Früchte des Guts

Gage avec dépossession: Faustpfands mit Besitz

Gage commercial: kommerzielles Faustpfand

Gage ou nantissement de l'outillage et du matériel d'équipement: Faustpfand am Material und Arbeitsgeräten

Gage portant sur un véhicule automobile: Faustpfand an einem Wagen

Gage sur stocks: Faustpfand an Vorräten

Gage: Faustpfand

Garante des salaires: Lohngarantie

Garantie: Garantie

Gens de mer: Seemänner, Seeleute

Gérant de fait: Scheingeschäftsführer

Gérant salarié: angestellter Verwalter (gérant salarié)

Greffe: Gerichtskanzlei

Groupement d'intérêt économique: wirtschaftlicher Interessenverband

Harcèlement moral: Mobbing

Harcèlement sexuel: sexuelle Belästigung

Héritier: Erbe

Homologation: Ratifizierung

Huissier de justice: Gerichtsvollzieher

Hypothèque: Hypothek

Indemnité d'assurance: Versicherungsentschädigung

Insolvabilité: Insolvenz

Intérêts: Zinsen

Intérim: Leiharbeit

Juge des tutelles: Vormundrichterim

Juge: Richter

Juridictions administratives: verwaltungsrechtliche Gerichte

Jurisprudence: Rechtsprechung

Législateur: Gesetzgeber

Liberté contractuelle et relationnelle: Vertrags- und Sozialfreiheit

Liberté d'entreprendre: Unternehmensfreiheit

Liberté du commerce et de l'industrie: Freiheit des Handels und der Industrie

Liquidation judiciaire: gerichtliche Liquidation

Litige: Streitigkeit

Locataire-gérant: Mieter und Verwalter

Location: Miete

Loi de démocratisation du service pubic: Gesetz über die Demokratisierung des öffentlichen Sektors Loi relative aux modalités des privatisations: Gesetz über die Modalitäten der Privatisierungen

Loi: Gesetz

Maître de l'ouvrage: Bauherr

Majeur: volljährig

Mandataire ad hoc: ad hoc Beauftragter

Mandataire judiciaire: gerichtlicher Bevollmächtigter

Marché public: öffentlicher Auftrag

Marque: Marke

Médiateur: Mediator

Médiation conventionnelle: vertragliche Mediation

Médiation: Mediation

Micro-entrepreneur: Mikrounternehmer

Mineur émancipé: emanzipierter Minderjähriger

Ministère de la justice: Justizministerium

Ministère public, parquet: Staatsanwaltschaft

Ministre de la justice: Justizminister

Mise en demeure: Mahnung

Mitbestimmung: cogestion

Objet social: Gesellschaftszweck

Obligation d'immatriculation: Registrierungspflicht.

Obligations: Obligationen

Pacte civil de solidarité: registrierte Partnerschaft

Paiement direct: unmittelbare Zahlung

Paragraphe: Absatz

Parlement: Parlament

Parties: Parteien

Parts sociales: Gesellschaftsanteile

Peine privative de liberté: Freiheitsstrafe

Pénal: strafrechtlich

Période d'observation: Überwachungsphase

Personne morale: juristische Person

Personne physique: natürliche Person

Personnes morale de droit privé: privatrechtliche juristische Personen

Plainte: Klage

Pleine propriété: Volleigentum

Possession: Besitz

Préposé: Arbeitnehmer

Pré-projet: Vorentwurf

Prescription: Verjährung

Prescription: Verjährung

Principe constitutionnel: verfassungsrechtliches Prinzip

Principe d'accessorité: Akzessorietätsprinzip

Prise de possession: Besitzübernahme

Privilège du salarié: Arbeitnehmerprivileg

Privilèges: Privilegien

prix de vente: Kaufpreis

Procédure arbitrale: Schiedsgerichtsverfahren

Procédure d'exécution: Vollstreckungsverfahren

Procédure de conciliation: Schlichtungsverfahren

Procédure de médiation: Mediationsverfahren

Procédure de sauvegarde accélérée: Verfahren der beschleunigten Rettung

Procédure de sauvegarde financière accélérée: beschleunigtes Finanzrettungsverfahren

Procédure de sauvegarde: präventives Sanierungsverfahren

Procédure judiciaire administrative: Verwaltungsrechtsverfahren

Procédure judiciaire: Gerichtsverfahren

Procédure participative: Teilnahmeverfahren

Procédure: Verfahren

Professions libérales: Freiberufliche

Projet de loi: Gesetzentwurf

Promesse de vente: Verkaufsversprechen

Propriétaire: Eigentümer

Propriété intellectuelle: geistiges Eigentum

Réciproquement: gegenseitig:

Recours en annulation: Klage auf Nichtigkeitserklärung

Recours en révision: Revisionsverfahren

Reçu de la déclaration: Erklärungsquittung

Redressement judiciaire: gerichtliches Sanierungsverfahren

Régime matrimonial: Ehestand

Régime matrimonial légal: gesetzlicher Ehestand

Registre de l'agriculture: Landwirtschaftsregister

Registre du commerce et des sociétés: Handelsregister

Registre foncier: Hypothekenregister, Grundbuch

Règlement européen: EU Verordnung

Renvoi: Verweis

Répertoire des métiers: Handwerksregister

Réserve de propriété: Eigentumsvorbehalt

Responsabilité civile du fait d'autrui: zivilrechtlche Haftung für Drittpersonen

Responsabilité civile: zivilrechtliche Haftung

Responsabilité pénale: strafrechtliche Haftung

Responsabilité: Haftung

SARL: GmbH

Secret professionnel: berufliche Geheimhaltungspflicht.

Sentence arbitrale: Schiedsspruch

Séparation de biens: Gütertrennung

Siège social: Gesellschaftssitz

SNC: OHG

Société à responsabilité limitée: Gesellschaft mit beschränkter Haftung

Société anonyme, SA: Aktiengesellschaft

Société anonyme: Aktiengesellschaft

Société coopérative: Genossenschaft

Société de financement: Finanzierungsgesellschaft

Société en commandite par actions: Kommanditgesellschaft auf Aktien

Société en commandite simple: einfache Kommanditgesellschaft

Société en nom collectif: offene Handelsgesellschaft

Société européenne: europäische Aktiengesellschaft)

Société par actions simplifiée unipersonnelle, SASU: vereinfachte Einzelgesellschaft auf Aktien

Société par actions simplifiée, SAS: vereinfachte Gesellschaften auf Aktien

Société par actions: Aktiengesellschaft

Société par actions: Gesellschaft auf Aktien

Société privatisée: privatisierte Gesellschaft

Société: Gesellschaft

Sociétés de capitaux: Kapitalgesellschaften

Sociétés de personnes: Personengesellschaften

Sous-acquéreur: Untererwerber

Sous-traitant: Subunternehmer

Statuts: Satzungen

Structure sociale: Unternehmensstruktur

Sûreté de crédit: Kreditsicherheit

Sûreté réelle: Realsicherheit

Système dualiste: Dualismus

Système moniste: Monismus

Tierce opposition: Drittwiderspruch

Titre exécutoire: vollstreckbarer Titel

Transfert de la charge des risques: Risikoübertragung

Transfert de propriété: Eigentumsübertragung

Transnational: grenzüberschreitend

Transporteur de marchandises sous-contractant: Unterfrachtführer

Transporteur de marchandises: Frachtführer

Transposition: Umsetzung

Travail dissimulé: versteckte Arbeit

Tribunal administratif: Verwaltungsgericht

Tribunal de commerce: Handelsgericht

Tribunal de grande instance: Landgericht

Tribunal: Gericht

Vente forcée: Zwangsverkauf

Vente: Verkauf

Zurückbehaltungsrecht: droit de rétention

Absatz: alinéa, paragraphe

Absender: expéditeur

Abtretung: cession

ad hoc Beauftragter: Mandataire ad hoc

Aktien: actions

Aktiengesellschaft: société anonyme

Aktiengesellschaft: société anonyme, SA

Aktiengesellschaft: société par actions: Aktiengesellschaft

Akzessorietätsprinzip: principe d'accessorité

an der Börse notiert: côté en bourse

angestellter Verwalter: gérant salarié

Arbeitnehmer: préposé

Arbeitnehmerprivileg: privilège du salarié

Arbeitnehmervertreter: représentant des salariés

Arbeitsgesetzbuch: Code du travail

Arbeitsgesetzbuch: Code du travail

Arbeitsrecht: droit du travail

Artikel: article

assoziierter Ehegatte: conjoint associé

aufschiebende Bedingung: condition suspensive

Aufsichtsrat: conseil de surveilance

außergerichtlich: extrajudiciaire

außerordentliche Gesellschaftsversammlung: assemblée générale extraordinaire

Bauherr: maître de l'ouvrage

befugter Wirtschaftsprüfer: commissaire aux comptes

belohnter Ehegatte: conjoint salarié

berufliche Geheimhaltungspflicht: secret professionnel

Berufung: appel

Berufungsgericht: cour d'appel

beschleunigtes Finanzrettungsverfahren: procédure de sauvegarde financière accélérée

Besitz: possession

besitzlosen Faustpfandvereinbarungen: gage sans dépossession

Besitzübernahme: prise de possession

Betriebsrat: comité d'entreprise

Betriebsrat: comité d'entreprise

bösgläubig: de mauvaise foi

Buchführung: comptabilité

Bürgschaft: cautionnement

Conciliateur de justice gerichtlicher Güteverhandler

Darlehen: crédit

dingliches Recht: droit réel

Drittwiderspruch: tierce opposition

Dualismus: système dualiste

Ehegatte als Mitarbeiter: conjoint collaborateur

Eigentümer: propriétaire

Eigentumsübertragung: transfert de propriété

Eigentumsvorbehalt: réserve de propriété

eine gewisse Schwelle der Zahlungsunfähigkeit: cessation des paiements

einfache Kommanditgesellschaft: société en commandite simple

emanzipierter Minderjähriger: mineur émancipé

Empfänger: destinataire

Erbe: héritier

Erklärung der Menschen- und Bürgerrechte: Déclaration des droits de l'homme et du citoyen

Erklärungsquittung: reçu de la déclaration

Erstinstanzlich: de première instance

EU Richtlinie: directive européenne

EU Verordnung: règlement européen

europäische Aktiengesellschaft: société européenne

EWR: EEE

sexuelle Belästigung: harcèlement sexuel

Faustpfand am Material und Arbeitsgeräten: gage ou nantissement de l'outillage et du matériel d'équipement

Faustpfand an einem Wagen: gage portant sur un véhicule automobile

Faustpfand an Vorräten gage sur stocks

Faustpfand: gage

Faustpfandgläubiger: créancier gagiste

Faustpfands mit Besitz: gage avec dépossession

Finanzierungsgesellschaft: société de financement

Forderung: créance

Frachtführer: transporteur de marchandises

Freiberufliche: professions libérales

Freiheit des Handels und der Industrie: Liberté du commerce et de l'industrie

Freiheitsstrafe: peine privative de liberté

Früchte des Guts: fruits

Führung: directoire

Garantie: garantie

Gattungssachen: biens fongibles

Gegenseitig: réciproquement

geistiges Eigentum: propriété intellectuelle

Geldbuße: amende

Genossenschaft: société coopérative

Gericht: tribunal

gerichtliche Liquidation: liquidation judiciaire

gerichtlicher Auktionator: commissaire-priseur judiciaire

gerichtlicher Bevollmächtigter: mandataire judiciaire

gerichtlicher Verwalter: administrateur judiciaire

gerichtliches Sanierungsverfahren: redressement judiciaire

Gerichtskanzlei: greffe

Gerichtsverfahren: procédure judiciaire

Gerichtsvollzieher: huissier de justice

Geschäftsbetrieb: fonds de commerce

Geschäftsführer: dirigeant d'entreprise

Gesellschaft auf Aktien: société par actions

Gesellschaft mit beschränkter Haftung: société à responsabilité limitée

Gesellschaft: société

Gesellschaftsanteile: parts sociales

Gesellschaftsname: dénomination sociale

Gesellschaftsrecht: droit des sociétés: Gesellschaftsrecht

Gesellschaftsschulden: dettes sociales

Gesellschaftssitz: siège social

Gesellschaftsvermögen: capital social

Gesellschaftszweck: objet social

Gesetz über die Demokratisierung des öffentlichen Sektors: loi de démocratisation du service pubic

Gesetz über die Modalitäten der Privatisierungen: loi relative aux modalités des privatisations

Gesetz: loi

Gesetzbuch über das geistige Eigentum: Code de la propriété intellectuelle

Gesetzentwurf: projet de loi

Gesetzgeber: législateur

gesetzlicher Ehestand: régime matrimonial légal

Gläubige: créancier

Gläubigergremium: comité de créanciers

GmbH: SARL

Grenzüberschreitend transnational

Gütergemeinschaft: communauté de biens

Gütertrennung: séparation de biens

Güteverhandlung: conciliation

Güteverhandlungsbüro: bureau de conciliation et d'orientation

gutgläubig: de bonne foi

Haftung: responsabilité

Handelsabteilung der Cour de cassation: Chambre commerciale de la Cour de cassation

Handelsgericht: Tribunal de commerce

Handelsgeschäft: acte de commerce

Handelsgesetzbuch: Code de commerce

Handelsregister: registre du commerce et des sociétés

Handelsschiedsgerichtsbarkeit: arbitrage commercial

Handwerker: artisan

Handwerksgesetzbuch: Code de l'artisanat

Handwerksregister: répertoire des métiers

Hinterlegung: conciliation

Hypothek: hypothèque

Hypothekenregister, Grundbuch: registre foncier

Immobilien: biens immobiliers, immeubles

individuelles Unternehmen mit begrenzter Haftung: entreprise unipersonnelle à responsabilité limitée, EURL

Insiderhandel: délit d'initié

Insolvenz: Insolvabilité

juristische Person: personne morale

Justizminister: ministre de la justice

Justizministerium: ministère de la justice

Kapitalgesellschaften: sociétés de capitaux

Kapitän: capitaine

Kassation: cassation

Kassationshof: Cour de cassation

Kassationshof: Cour de cassation

Kaufleute: commerçants

Kaufpreis: prix de vente

Kaufsache: bien vendu

Klage auf Nichtigkeitserklärung recours en annulation

Klage: plainte

Klageverjährungsfrist: Délai de prescription de l'action en justice

Kommanditär: commanditaire

Kommanditgesellschaft auf Aktien: société en commandite par actions

Kommanditist: commandité

Kommerziell: commercial

kommerzielles Faustpfand: gage commercial

Konsensgrundsatz: consensualisme

Konsensualismus: consensualisme

Kreditinstitut: établissement de crédit

Kreditsicherheit: sûreté de crédit

Landgericht: tribunal de grande instance

Landwirt: agriculteur

Landwirtschaftsregister: registre de l'agriculture

Leasinggeber: crédit-bailleur

Leasingnehmer: crédit-preneur

Leasingvertrag: crédit-bail

Leiharbeit: intérim

Lohngarantie garantie des salaires

Machtübermittlung: délégation de pouvoir

Mahnung: mise en demeure

Marke: marque

Mediation: médiation

Mediationsrichtlinie: directive médiation

Mediationsverfahren: procédure de médiation

Mediator: médiateur

Miete: location

Mieter und Verwalter: locataire-gérant

Mietvertrag: contrat de bail

Mikrounternehmer: micro-entrepreneur

Mitbestimmung: cogestion

Mobbing: harcèlement moral

Monismus: système moniste

natürliche Person: personne physique

Niederlassung: établissement

notarielle Form: forme notariée

notarielle Urkunde: acte notarié

Obligationen: obligations

offene Handelsgesellschaft: société en nom collectif

öffentliche Einrichtung industrieller oder kommerzieller Art: établissement public industriel ou commercial

öffentlicher Auftrag: marché public

OHG: SNC

ordentliche Gesellschafterversammlung: assemblée générale ordinaire

Parlament: Parlement

Parteien: parties

Patent: brevet

Personengesellschaften: sociétés de personnes

präventives Sanierungsverfahren: procédure de sauvegarde

privatisierte Gesellschaft: société privatisée

privatrechtliche juristische Person: personnes morale de droit privé

Privilegien: privilèges

Prozesskostenhilfe: aide juridictionnelle

PVollstreckungsverfahren: Procédure d'exécution

Ratifizierung: homologation

Realsicherheit: sûreté réelle

Rechtsprechung: jurisprudence

régime matrimonial: Ehestand

registrierte Partnerschaft: pacte civil de solidarité

Registrierungspflicht: obligation d'immatriculation

Retentionsrecht: droit de rétention

Revisionsverfahren: recours en révision

Richter: juge

Risikoübertragung: transfert de la charge des risques

Rückforderungsrecht: droit de revendication

78

Sachverständiger: expert

Satzungen: Statuts

Schadenersatz: dommages et intérêts

Scheingeschäftsführer: gérant de fait

Schiedsgerichtsbarkeit: arbitrage

Schiedsgerichtsverfahren: procédure arbitrale

Schiedsklausel: clause d'arbitrage, clause compromissoire

Schiedsspruch: sentence arbitrale

Schlichter: conciliateur

Schlichtungsverfahren: procédure de conciliation

Schuldner: débiteur

Seefischerei- und Lanwirtschaftsgesetzbuch: Code rural et de la pêche maritime

Seemänner, Seeleute: gens de mer

Sonderverjährungsfrist: délai de prescription spécial

Spediteur: commissionnaire de transport

Spedition: commission de transport

Staatsanwaltschaft: ministère public, parquet

Stimmrecht: droit de vote

Strafrecht: droit pénal

strafrechtlich: pénal

strafrechtliche Haftung: responsabilité pénale

Streitigkeit: litige

Subunternehmer: sous-traitant

Teilnahmeverfahren: procédure participative

Transportgesetzbuch: Code des transports

übernommene Einlage: apport

Überwachungsphase: période d'observation

Umsetzung: transposition

unbewegliche Sachen: biens meubles

unmittelbare Zahlung: paiement direct

unmittelbarer Anspruch action directe

Untererwerber: sous-acquéreur

Unterfrachtführer: transporteur de marchandises sous-contractant

Unternehmen: entreprise

Unternehmensfreiheit: Liberté d'entreprendre

Unternehmensstruktur: structure sociale

Unternehmer: entrepreneur

Unterschlagung: abus de biens sociaux

Verbraucher: consommateur

Verein: association

vereinfachte Einzelgesellschaft auf Aktien: société par actions simplifiée unipersonnelle

SASU: vereinfachte Gesellschaften auf Aktien: société par actions simplifiée, SAS

Verfahren der beschleunigten Rettung: procédure de sauvegarde accélérée

Verfahren: procédure

Verfahrensrecht: droit procédural

Verfassungsrat: Conseil constitutionnel

verfassungsrechtlich: constitutionnel

verfassungsrechtliches Prinzip: principe constitutionnel

Vergleich: accord amiable, transaction

Verjährung: prescription

Verjährung: prescription

Verkauf: vente

Verkaufsversprechen: promesse de vente

Vermietung: bail

80

Vermittlung von untreuen rechnerischen Angaben über die Gesellschaft: communication de comptes infidèles

Versicherungsentschädigung: indemnité d'assurance

versteckte Arbeit: travail dissimulé

Verteilung von fiktiven Dividenden distribution de dividendes fictifs

Vertrag: contrat

vertragliche Güteverhandlung: conciliation conventionnelle

vertragliche Mediation: médiation conventionnelle

Vertrags- und Sozialfreiheit: liberté contractuelle et relationnelle

Vertraulichkeit: confidentialité

Verwaltungsgericht: tribunal administratif

Verwaltungsjustizgesetzbuch: Code de justice administrative

Verwaltungsrat: conseil d'administration

Verwaltungsrecht: droit administratif

verwaltungsrechtliche Gerichte: juridictions administratives

Verwaltungsrechtsverfahren: procédure judiciaire administrative

Verweis: renvoi

Volleigentum: pleine propriété

Volljährig: majeur

vollstreckbarer Titel: titre exécutoire

Vollstreckung: exécution

Vorentwurf: pré-projet

Vormundrichter: juge des tutelles:

Vorzugsrecht: droit de préférence:

Wahlrecht: droit de vote

Währungs- und Finanzgesetzbuch: Code monétaire et financier

Werkvertrag: contrat d'entreprise

wirtschaftlicher Interessenverband: groupement d'intérêt économique

Wirtschafts-, Sozial- und Umweltbilanz: bilan économique, social et environnemental: Wirtschafts-, Sozial- und Umweltbilanz

Zinsen: intérêts

zivile Kundschaft: fonds libéral

Zivilgesetzbuch: Code civil

zivilrechtlche Haftung für Drittpersonen: responsabilité civile du fait d'autrui

zivilrechtliche Haftung: responsabilité civile

Zivilverfahrensgesetzbuch: Code de procédure civile

Zurückbehaltungsrecht: droit de rétention

Zwangsverkauf: vente forcée

# Literaturverzeichnis

Bonnard, Jérôme, Droit des sociétés, 15e éd., 2018-2019, éd. Hachette supérieur

Cozian, Maurice, Deboissy, Florence, Viandier, Alain, Droit des sociétés, 32e éd., 2019, éd. LexisNexis

Grosjean-Leccia, Élise, Lamassa, Christiane, Rialland, Marie-Claude, Droit des sociétés, 2020-21, éd. Hachette

Guiramand, France, Héraud, Alain, Droit des sociétés: manuel et applications, 2016-2017, éd. Dunod

Guiramand, France, Héraud, Alain, Droit des sociétés, 2018-2019, éd. Dunod

Merle, Philippe, Fauchon, Anne, Sociétés commerciales: droit commercial, 25e éd., 2021-2022, éd. Dalloz

Moulin, Jean-Marc, Droit des sociétés et des groupes, éd. 2021-2022, éd. Gualino

Vidal, Dominique, Luciano, Kevin, Cours de droit général des sociétés, 2e éd. 2016-2017, éd. Gualino

Vidal, Dominique, Luciano, Kevin, Cours de droit spécial des sociétés, 2e éd. 2016-2017, éd. Gualino